企业与资本的博弈
←共赢

郭亦乐 段晓燕/主 编 赵燕凌 林 坤/执行主编

图书在版编目（CIP）数据

共赢：企业与资本的博弈/郭亦乐，段晓燕主编.—北京：北京大学出版社，2015.2

ISBN 978-7-301-25257-4

I.①共… II.①郭…②段… III.①企业–投资–案例②企业–融资–案例③企业合并–案例 IV.①F275.1②F271

中国版本图书馆CIP数据核字（2014）第300909号

书　　名	共赢：企业与资本的博弈
著作责任者	郭亦乐　段晓燕　主编　赵燕凌　林坤　执行主编
责任编辑	刘维　王明旭
标准书号	ISBN 978-7-301-25257-4/F·4116
出版发行	北京大学出版社
地　　址	北京市海淀区成府路205号　100871
网　　址	http://www.pup.cn　新浪官方微博：@北京大学出版社
电子信箱	zpup@pup.cn
电　　话	邮购部 62752015　发行部 62750672　编辑部 65031652
印 刷 者	北京雁林吉兆印刷有限公司
经 销 者	新华书店
	787毫米×1092毫米　16开本　13.5印张　170千字
	2015年2月第1版　2015年2月第1次印刷
定　　价	42.00元

未经许可，不得以任何方式复制或抄袭本书之部分或全部内容。

版权所有，侵权必究

举报电话：010-62752024　电子信箱：fd@pup.pku.edu.cn

图书如有印装质量问题，请与出版部联系，电话：010-62756370

编委会

主　　　编：郭亦乐　　段晓燕

执 行 主 编：赵燕凌　　林　坤

编委会成员：陈晨星　　段晓燕　　冯珊珊　　符胜斌

　　　　　　伏　昕　　房　煜　　郭成林　　韩　迅

　　　　　　胡　雯　　李　立　　林　坤　　林　默

　　　　　　孟德阳　　潘　沩　　曲　琳　　王庆武

　　　　　　熊晓辉　　翟文婷　　赵　娜　　赵晓悦

　　　　　　赵燕凌　　周松清

（以姓氏拼音为序）

目录 CONTENTS

自序　　　/01
熊晓鸽序　　/04
阎焱序　　　/07
沈南鹏序　　/10

第一章
平安 VS 家化：一场尚未终结的战争

"家化教父"的改制梦　/004
平安——产业+资本的梦想　/006
合作看上去很美　/008
互动的不和谐音　/009
不甘心做"橡皮图章"　/011
海鸥手表：双方矛盾的缩影　/012
黑云压城城欲摧　/016
葛文耀"以退为进"　/018
谢文坚入主上海家化　/020
/附文/ 家化迈入平安时代　/022

第二章
"双猪汇"：双汇海外大收购真经

三位"关键先生"　/028
备足粮草　/031
国际豪华版阵容　/032

长期打桩　/035

标的聚焦　/038

各取所需　/040

明日之征　/043

/ 附文 / 焦震：双汇收购 SFD 的逻辑　/046

第三章
"不差钱"的顺丰：融资背后另有故事

英雄青年的"野蛮"生长　/055

来头不小的投资伙伴　/057

新顺丰新命题　/058

整合思路猜想　/059

/ 附文 / 张懿宸谈入股顺丰内情　/066

第四章
91 无线天价交易：谁是最大赢家

结缘网游　/072

"入世"与"出世"　/075

现金的诱惑　/078

"一肚子理论"的聪明人　/080

/ 附文 /19 亿美元交易背后的伯乐　/082

第五章
唯品会专做特卖：另类电商的商业逻辑

温商触网　/088

迷航折返 /089
库存良机 /091
红杉造访 /092
夯实特卖 /093
上市苦乐 /095
/附文/刘星:复盘唯品会的投资逻辑 /098

第六章
58同城抢先IPO:分类信息网站格局生变

"神奇"何在? /108
资本旅程 /110
放弃DM /111
DCM带来资金和人力 /113
华平:广告大战弹药库 /114
砍掉团购 /116
对抗不良信息 /117
IPO:资本新旅程 /118
/附文/对话姚劲波:如何与投资人沟通 /121

第七章
弘毅"谋变"城投控股:PE的混合所有制能量

曾经的"引援往事" /128
新的"联姻者" /130
国企改革的PE专家 /132
盛宴下的"精耕细作" /134
/附文/对话赵令欢:弘毅投资做局国企改革 /137

第八章
煎锅上的俏江南：资本门前的徘徊

  俏江南上市之踵　/145
  引入资本　/146
  遭遇壁垒　/147
  中餐的标准化难题　/150
  遭遇管理天花板　/154
  双女性配搭管理　/156
  / 附文 / 梁伯韬：重整俏江南　/158

第九章
盛大文学资本往事：IPO之路何去何从

  2013，人事地震　/164
  对手，来势汹汹　/167
  IPO之殇　/168
  何去何从　/172
  / 附文 / "帝国"消解　盛大"变形"　/176

第十章
绿地上市冲刺：做市场和社会需要的事

  自负盈亏的全资国企　/182
  市场化改造　/183
  职工持股会变迁　/185
  社会资本入局　/187
  "蛇吞象"式的重组　/191
  / 附文 / 绿地上市：可被复制的改制　/193

PREFACE 自序

虽姗姗来迟，伊见成稿，还是激动不已。

不管是作为行业的观察者还是半个从业者，这么多年来，经常会被问到的一个问题是：哪家机构最好？哪个投资人最牛？

这是一个无法用"最"来回答的问题。

VC（风险投资）和PE（私募股权投资）进入中国二十余载，几个投资周期下来，风云起落，但始终保持领先品牌、每年保有好的项目的机构依然屈指可数；而一个优秀的投资人，是需要时间洗练后才能得到明正。

近些年，很多一线的商学院都开设了与VC/PE有关的课程教学，市场上一度也出现各类"PE速成班"，各种机构推出了排名和榜单，这代表了市场对VC/PE行业的认可，而不容忽视的现实是，市场上依然缺乏深度研究的案例，而这恰恰是这一选题的价值所在，也是对榜单和排名最有说服力的支撑。

在本书的编撰过程中，在取舍和配置上，尽管纠结，但我们还是首先放弃了房地产基金领域，尽管在2013年的中国PE圈，地产基金的规模迅速壮大。

本书最终选取的十个案例，不能说完全，但基本代表了2013年的VC/PE投资领域中的经典。

在 TMT（科技、媒体、通信）领域中，有给 IDG（美国国际集团）带来巨大现金退出回报的 91 无线；有阎焱从天使阶段一路参投的 58 同城；有红杉资本领投的上市后股价表现别开生面的唯品会；有最难投进去的顺丰背后的故事。

在控股式并购中，有平安家化案例的反思和思考；鼎晖作为第一大股东，推动双汇进行海外并购，这些都是在 2013 年度中值得关注的。

混合所有制投资，也是 PE 界比较关注的重点，我们选取了弘毅控股参投的上海城投控股和绿地集团引资案。

另外，俏江南和盛大文学，两家在资本市场徘徊曲折的发展，也引人思考。

遗憾的是，由于篇幅有限，有些在 2013 年度精彩的案例，无法更多呈现。

回归本书，与其说是在选案例，不如说我们是在选取这些案例所引发的价值思考，比如，早期投资如何推动创新，创业者和投资人如何共赢；投资机构如何影响企业的良性发展等。我们期待对这些核心价值的思考，成为构建中国投资文明的基因。

正如中国投资市场的老兵阎焱所言，好的 VC/PE，应该成为价值的创造者而非野蛮人。

江湖无所不在，投资圈也如此。一位知名的企业家曾经喜欢用武侠别名来形容自己，描述自己的公司，乃至自己身边的各种事物。技艺高强的侠客，于千万人之中探囊取物，如出入无人境地，而持才的那些 VC 剑客们，又何尝不是于万千项目之中，猎取出最棒的那些——也许你可以投很多项目，但能被人记住的，一定是那些能开创历史性的项目。

剑客也会老去，江湖的传说也许远去，但他们推动一个企业、一个行业、一个时代发展的历史痕迹和烙印，终究是磨不去的。

未来数年中国的 VC/PE 行业的发展依然有着巨大的机会，但随着政治周期与经济周期将出现的叠加效应，各种不确定性被放大，VC/PE 投资人的技艺要求和难度也在加大。

《共赢：企业与资本的博弈》这本书的编撰，得到了很多媒体界和投资圈朋友的支持，在此一并感谢；尤其感谢 IDG 的熊晓鸽先生、赛富亚洲的阎焱先生以及红杉资本的沈南鹏先生亲自为本书作序。我们希望像阎焱先生所言，用案例为中国 VC/PE 史做传，以案例为商学院 MBA 们和对 VC/PE 领域感兴趣的朋友们做鉴证。

感谢林坤编辑，他是我见过的在股权投资报道领域中最具专业知识的优秀编辑人之一。

感谢北京大学出版社对本书的肯定和贡献。

2014 年的投资案例遴选已在进行中，敬请期待。

段晓燕

熊晓鸽序 PREFACE

资本之为"局",大约因其诡谲如棋——其进退无度,机关难破,输赢莫测,连高手也无不称侥幸。然大道唯简,IDG浸淫资本之局二十多年,绞尽脑汁以避"出局",又千方百计力求"破局",我们所仰赖的,也不过是看似人人知道的老生常谈的道理:审时度势,逐潮而动,迎浪而上。

至少在中国,我们得承认,是互联网技术成就了风险投资,也是风险投资孕育了中国最早的一批互联网巨擘。作为行业的先行者,在IDG的早期投资成绩单上,是一连串的互联网公司:百度、腾讯、搜狐、携程……IDG资本紧追席卷全球的互联网浪潮,与这批应运而生的弄潮儿携手共进,推动他们把握先机,迅速成长,攀上成功的峰巅。这份不俗的投资清单,同时也让IDG资本跻身创业投资行业的佼佼者行列。

然而,顺应时势与潮流,并不等同于一味地随波逐流。百川归海乃自然天道,但倘若前方是一片人头攒攒泥沙淤积的"红海","同流合污"的结局必定成死水一潭。在这样的时刻,唯一的出路就是另辟蹊径,找寻另一片人迹罕至而生机无限的"蓝海"。

能够安静地、近乎偏执地追寻"蓝海",正是我格外赏识并钦佩刘德建的原因。"做什么事我都喜欢找蓝海。"刘德建说,"不一定是第一个,起码得是第一批的吧?我们这群人在智力上不差,容易想出好的东西,在新领域市场上的竞争压力比较小,更多的是智力、大脑、速度的竞争。"

2003年,我受合伙人林栋梁之托,在洛杉矶一个生物技术展会上第一次见到刘德建。他文静而内秀,并不像通常见到的大张旗鼓、热情洋溢兜售商业计划书的创业者。他请我吃热狗,在随意的聊天中显出清晰的思路和内敛的激情。

2007年,我与栋梁在福州待了3天。此时网龙已经上市,而新的无线互联网项目正在酝酿之中,德建一如既往地昼伏夜出,每天凌晨我们一起打羽毛球。我开玩笑说等新项目上市,我们要成立一支以他领军的猫头鹰羽毛球队,打遍天下无敌手。像猫头鹰一样机警的刘德建,就连自己的生物钟,也调得与众不同。

2013年9月,91无线以19亿美元被百度收购,成为中国无线互联网产业的第一笔"天价"交易,果真无敌!

顺应潮流与独擅先机,这似乎矛盾的奇特组合,在我看来,恰好是优秀的投资人和创业者彼此都不可或缺的素质,二者兼备,方有胜算,所谓成功,皆来之不易。91无线无疑是IDG资本近年收获的最丰美的硕果,而与91无线同期或稍后培育的一批无线互联网创业公司,正悄然茁壮成长,也让我们对未来,有了更多的期待和展望。

荟萃了2013年十大经典的投融资、并购案例的《共赢:企业与资本的博弈》肯定值得一读,因为这些局中之案,虽不如法学中的案例能成为律条般的"先例",但能让有志创业的读者借以管窥门道,对如何应对创业之艰险,如何赢得资本的助力有足够的了解和预期。纸上谈兵终觉浅,但有备而来,谋定而后动,总会多奠定几场成功的胜局。

熊晓鸽

IDG全球常务副总裁兼亚洲区总裁。IDG资本创始合伙人。1993年，协助IDG创始人兼董事长麦戈文先生在中国创立太平洋风险技术基金（现更名为IDG资本），在中国管理着25亿美元以上的创投资金，成为最早将西方技术风险投资实践引入中国的人。

PREFACE 阎焱序

《共赢：企业与资本的博弈》是我在中国投资20年以来见过的有关投资和创业最有深度，最专业的案例集。这些案例，是《21世纪经济报道》《中国企业家》等主流媒体中那些关注创投领域的资深记者集体智慧的结晶，是我们创投行业沉淀下来的宝贵财富，也最能反映投资人与企业家之间真实的相处之道。对于企业家或投资人来说，具有很大的思考价值。

书中有两个案例与赛富有关：58同城和盛大文学。盛大是赛富投资的第一家在美国上市的公司，盛大文学是盛大的延伸，赛富没有直接参与。而赛富在58同城的第一笔种子投资才150万美元；在58同城钱快"烧完"的最困难时期的2008年5月（其时正是全球金融危机的高峰期，几乎所有的基金都在撤资），赛富又先后投资了330万美元，帮助58同城渡过难关，奠定了今天的成功和辉煌。

VC/PE在中国是个新行业，对这个行业真正了解的人其实并不多，行业的疯长也是2005年以后的事。在时下的中国大多数人一听到VC/PE就会想到两件事：赚钱和冷血。一段时间以来，国内的很多媒体把VC/PE股权投资人描述成对创业者压榨的吸血鬼。美国出版的描述PE投资的《门口的野蛮人》

加剧了国内对 VC/PE 行业的负面印象。其实,《门口的野蛮人》一书对于 PE 在改变企业的经营效率的描述是完全正面的,作者使用了这个稍微带点幽默色彩的标题却被那些大多数没有看过此书的人误解了,此为憾事。其实,VC/PE 对于科技转化为生产力,对于市场效益的提高都是市场经济中不可或缺的手段。可以说,没有 VC/PE 这些资本的参与,中国绝对不可能出现阿里巴巴、腾讯和百度这样在市场竞争里产生的真正的世界级企业。

在我看来,投资人和创业者的正常关系应该是"搭档"或"合伙人"的关系,他们是在一条船上的探险人,一荣俱荣,一损俱损。在我投资中国 20 年的生涯中,绝大多数项目在绝大多数时间里,投资人和创业者的关系是相处得非常融洽的,否则也不会有这么多优秀的中国民营企业在过去十几年里突然冒出来。

时下有很多人一看到公司有不同的意见就认为是谁要搞谁,就认为是投资人和创业者又在争夺公司的"老板"位置。这种看法是相当偏颇的。其实,在一个企业的发展过程中,投资人与创业者有不同意见和看法是一种常态。企业的发展就是在这种分歧和讨论中成长的,企业对不同意见的包容和整合正是这家企业在市场中的核心竞争力之所在。

感谢这本书的作者们给那些对创业和投资有兴趣的年轻人提供了一个极好的范本,这也是所有中国在读 MBA(工商管理硕士)的学生一本不可缺少的案例集成。

阎焱

现为赛富亚洲投资基金创始管理合伙人。曾任 AIG(美国国际集团)亚洲基础设施投资基金管理公司董事总经理及香港办主任,并先后在华盛顿世界银行总部担任经济学家、美国智库哈德逊研究所担任研究员。系 2012 年中组部"千人计划"成员和 2012 年"千人计划"评审委员会委员。2004 年及 2007 年被中国风险投资协会选为"最佳创业投资人",2007 年由 Private Equity International 评为"全球最杰出的五十位创业投资人"之一,2008 年、2009 年被《福布斯》(中文版)评选为"中国最佳创业投资人"第一名。

PREFACE 沈南鹏序

私募股权投资在中国发展的历史,也是一段探讨投资人与被投公司关系的历史。无论是"门口的野蛮人",还是"婚姻中的双方",这些描述关系的代名词背后,都是对资本在投资关系中处于何种位置的定位尝试。

红杉资本从来认为,我们是创业者背后的创业者,唯有创业者成功才能带动投资人成功。红杉资本之所以能成就自己的品牌,是以投资了一批闻名于世的公司为基础的。这个被投公司名单中,包括苹果、思科、雅虎以及LinkedIn、WhatsApp、Airbnb、Dropbox等。

红杉中国也受这样的基因驱动。自2005年9月红杉资本中国基金成立以来,我们在中国已投资了一百五十余家拥有鲜明技术和创新商业模式、具有高成长性和高回报潜力的公司,包括唯品会、奇虎360、京东商城、诺亚财富、掌趣科技、大众点评、美团网、华大基因、贝达药业等。

谁将在中国的私募股权投资市场上胜出?我们认为,这也是由投资了些什么样的公司决定的。这是一个基础性的判断。今天的中国,创业环境与10年前相比已经是云泥之别。

10年前,中国创业者大多在揣摩和学习美国的商业模式,而现在,移动互联网以及基于消费的科技应用，正成为中美共同的创业主题，中国创业者也更立足于国内市场创新商业模式，而这些商业模式甚至将来可能走到海外去。这一过程中，创业者引入一个好的资本是动力背后的动力。好的资本，能够帮助创业者更快地把握住中国用户的需求和痛点，更准确地感知市场的节奏脉动。

现在的创业者，关心的也许不再是投资资金体量的多寡，而是其能够获得的资源与帮助，所能激发出潜能的量级。同样，风险投资行业也开始真正回归价值投资，认识到投后管理的重要性，知道如何与被投企业相处。更何况投资的意义不仅仅在于帮助投资人去创造财富、实现回报，而在于是否能够为这个社会去推动或培育出一批成功而伟大的企业。因此，在新一轮价值思考中，投资人需要梳理与创业者的角色关系定位，这在未来尤为重要。

随着新一届政府提出"市场将在资源配置中起决定性作用"，中国创业者的黄金时期即将到来。《共赢：企业与资本的博弈》选取了10个发生在2013年的投资案例，涵盖了创业者与投资人的多种关系模式。我们非常期待这些案例能抛砖引玉，为业界提供一些借鉴乃至引发一些思考。

《21世纪经济报道》正在进行的这种基于案例的研究，为我们学习同行经验、审视创投关系、衡量投资成败，提供了一个更为直观的视角。我们期望这种对资本与被投企业关系的研究能够延续下去。期待《21世纪经济报道》能够推出更多、更有价值的报道和产品。

沈南鹏

红杉资本中国基金创始及执行合伙人。携程旅行网、如家连锁酒店创始人。现任中国企业家论坛轮值主席和理事、耶鲁中国中心理事会主席、天津股权投资协会会长、北京股权投资协会副会长、上海浙江商会常务副会长。2006

年被 CCTV 评为"中国十大经济人物",2010 年被《21世纪经济报道》和《凤凰网》评为"十大华人经济领袖"。系 2012—2014 年《福布斯》"全球最佳投资人"榜单中排名最高的华人投资者,自 2010 年起连续四年蝉联《福布斯》(中文版)"中国最佳创业投资人"。拥有耶鲁大学硕士学位,上海交通大学学士学位。

平安 VS 家化：
一场尚未终结的战争

平安信托与葛文耀，为何在两年内反目？这背后有着怎样的曲折与变故？已经处在"退休"状态的葛文耀，就此彻底出局了吗？谢文坚入主上海家化，能否得到资本市场的认可？基金倒戈，王茁谢幕，平安时代的上海家化何去何从？

一个是金融全才，一个是"沪上明珠"。若说没奇缘，曾经佳偶众人羡；若说有奇缘，怎会两年变怨偶？一个郎心似铁，一个枉自嗟叹。

或许上面一语足以概括，平安信托投资有限责任公司（以下简称"平安信托"）与上海家化联合股份有限公司（以下简称"上海家化"）在过去两年多的纠缠。平安信托是中国平安这一全金融牌照巨头的主要PE投资平台；上海家化是上海滩最优秀的国企之一，葛文耀被众多持有上海家化股票的基金界人士尊称为"家化教父"。

2011年11月，平安信托击败一众竞争者，全资收购上海家化母公司上海家化集团有限公司（以下简称"家化集团"）的股权，成功将上海家化收归囊中。无论是平安信托的董事长童恺，还是上海家化当时的董事长葛文耀，都是踌躇满志，准备大展拳脚。

甚至，中国平安舵手马明哲也对这一项目寄予厚望，当上海家化在多家投资机构中间挑挑拣拣举棋不定之际，他不止一次与葛文耀交流，他的诚意与理念成为葛文耀和家化集团做出最终选择的砝码之一。

双方曾有过蜜月期，平安信托投资上海家化后，上海家化在2011年、2012年都交出了良好的业绩答卷，一直保持着高于同行的盈利水平，广为机构投资者追捧。

然而，平安信托入主一年后的2012年11月，葛文耀在微博上公开抨击平安信托，他与大股东之争浮上水面。2013年5月，平安信托与葛文耀各自出招，直至上海市有关政府部门出面调停才暂时偃旗息鼓。平安信托与葛文耀的蜜月匆匆而过，2013年9月，葛文耀一纸辞呈，告老还乡。

这一对曾经的佳偶，是如何两年内变怨偶？背后有着怎样的曲折与变故？已经处在"退休"状态的葛文耀，就此彻底出局了吗？或许，一切没那么简单。而接近葛文耀的人也认为，这场纷争并未完全盖棺定论。

"家化教父"的改制梦

上海家化当属中国日化企业的行业龙头，2010年，家化集团公开宣称改制，其时，有券商分析师在研究报告中指出：中国2009年日化行业容量约为2000亿元，其中70%以上被国外日化企业所占据，上海家化是国内唯一具备与国际巨头同台竞争的日化企业。

上海家化旗下的六神花露水称得上是"国民产品"，至今为上海家化贡献着稳定的收入与利润，也让上海家化一直维系着强大的商超渠道；旗下护肤品牌"佰草集"面世十余年，在外资品牌林立的中高档化妆品世界，杀出了一条血路，成为上海家化旗下高毛利产品的代名词。这两大产品，正是上海家化收入增长的双引擎。

佰草集最早于1998年投向市场，2001年上海家化为之成立专门的分公司，由黄震担任总经理。黄震曾说过，佰草集2005年才实现盈利，但此后一直维持着良好的业绩，在资本市场上广受追捧。

佰草集成长的几年间，前期尚缺国内的同路人；最近几年国产化妆品才开始崛起。其他国产化妆品多为民营企业制造，大多是先进入美容院线获得第一桶金；之后通过给经销商较大折扣获得渠道的支持，打入各省市的日化店（主要盘踞在二线以下的城市，甚至专门主攻三四线城市）；当企业达到一定规模后（往往是销售额为2亿元左右时），邀请知名演艺界人士代言，在央视、湖南卫视等主流频道做"狂轰滥炸"式广告，获得品牌知名度，迅速提高销售额。据悉，这个时期的化妆品公司，敢于用公司50%的销售额来投放广告。这种粗犷式的扩张方式令不少化妆品公司因资金链断裂而倒闭。而佰草集从开始，就走上一条不同的道路，它早早就定位于中高档"国货"，主打中草药配方，外包装设计请法国设计师来做，突显高端气质。不少国内化妆品同行，比如丸美公司的员工，将佰草集与欧莱雅、欧珀莱、玉兰油（OLAY）并称为"三欧一草"，指出三欧一草产品的价位没有高于丸美的产品，却在"高级感"这一项胜出——这背后的潜台词是，佰草集的品牌打造战略颇为成功，并足以与外资品牌抗衡。

葛文耀培育佰草集数年，固然因为他一直有在化妆品领域的产业梦，更因为六神花露水这一成熟的盈利品种作为他坚实的后盾。而这数年的培育也物有所值。2009年，佰草集的毛利高达75%。

一手打造出佰草集的葛文耀，被公认非常强势，他曾多次公开抨击国资委对上海家化进行干涉。2009年，他在接受采访时曾公开说："我们家化被国家干预三次，每次都差点死掉。国企现行管理体制不改革的话，国企的状况会越来越差。"葛文耀的"我们家化"意味深长。类似的言论比比皆是。这也是葛文耀和同处上海滩的其他知名企业家完全不同的地方：这座城市盛产内敛的、貌似温和的企业家，国企掌舵者尤其追求说话面面俱到，极难从公开发言中窥见他们的真意。

不过，尽管葛文耀如此锋芒毕露，但因上海家化出色的业绩，他近十年一直都稳坐着家化集团当家人位置，甚至没有受60周岁就退休的红线约束。葛文耀出生于1947年，上海家化改制这一年，他63岁，这个年纪仍居一线的企业家，在国企中颇为罕见。

平安——产业 + 资本的梦想

一家有女百家求，更何况是上海家化这样的"优质女"。2010年到2011年上半年，上海家化的市盈率维持在30倍。对于PE机构来说，这个价格不便宜，因为这意味着如果这个企业维持目前的盈利水准，投资人现在买入，要30年后才能回本。但是，诸多机构更看好中国日化行业的前景，以及在这前景中上海家化将会有的位置。于是，中国平安、淡马锡、红杉资本、复星集团、凯雷集团、鼎晖投资、中信资本、LVMH集团等25家公司与葛文耀接洽，递上了橄榄枝。

从上述名单可知，不少公司在行业中是典型的"高帅富"，有着强大的实力。一位外资基金公司合伙人告诉记者，葛文耀开始并没有说"不卖给外资基金"。所以，他也曾摩拳擦掌，试图一争。但最终葛文耀认为将家化集团卖给外资公司不符合保护民族企业的大方向，而从此对外资基金公司高挂"免谈牌"。同时，葛文耀提出不卖给基金公司，因为"基金公司都是合伙制，一旦达到其要求的投资回报后，合伙人就分开了，家化集团又会被卖一次，也有可能卖给外资"。

熟悉葛文耀的人知道，他对二十多年前"美加净"合资一事一直耿耿于怀。那时美加净是国内护肤品无可争议的第一品牌，家化集团与国外资本成立合资公司，美加净品牌暂归合资公司。合资公司市场方面投入不足，美加净迅速衰落，随后外资品牌陆续进入，20世纪90年代家化集团收回了美加净这一品牌，希望再现辉煌，但市场环境变换万千，这又谈何容易。葛文耀一直在思索，如何令美加净重振雄风。

在去掉基金公司和外资公司后，名单上剩下的公司寥寥无几，只剩下复星集团、中国平安和海航集团。据悉，复星集团的出价不高，所以截至2011年9月，只剩下中国平安和海航集团。此时中国平安的胜出毫无悬念，虽然其开价51亿元，比海航集团的开价低7亿元，但据媒体报道，平安信托给予的付款条件更为优厚，它承诺20%的尾款在签订股权转让合同后5个工作日内付清，而海航集团则计划余款在签署合同后90天内支付。

当然葛文耀的决定不会这么简单。据说，之所以选择中国平安，是因为葛文耀参观过中国平安，平安的后台系统、IT支持系统给他留下了深刻印象，他认为平安的管理非常规范。另一方面，则是中国平安董事长兼CEO马明哲表现出了相当的诚意，支持葛文耀"下很大一盘棋"——葛文耀考虑用上海家化做品牌的经验，以家化集团作为品牌孵化器，将诸多老品牌，尤其是上海的老品牌改制。他看重平安有资金，有全金融牌照。这样看来，上海家化与平安的合作，是完美的"产业+资本"的融合。

最终，平安创新资本（平安信托一系列的投资行为均是借道旗下全资子公司——深圳市平安创新资本投资有限公司进行的）以挂牌价51.09亿元受让家化集团100%的股权，同时成为上海家化的第一大股东，控股约

29.2%。而葛文耀的设想，马明哲应允的条件，直接变成了平安创新资本对上海国资委的承诺，并在上海家化易主的公告中披露："为家化集团提供360度保险支持、银行信贷、债券融资等全方位金融支持，并针对家化集团日化产业链延伸、化妆品专卖店、直销品牌、SPA 汉方店、精品酒店、旅游项目开发、高端表业等时尚产业拓展承诺追加人民币 70 亿元投资。"

合作看上去很美

更早的事无从追溯，但至少 21 世纪以来，上海家化员工的工资一直比较高，只略低于同属日化行业的国际巨头。

葛文耀深谙激励的重要性，因为激励颇为充分，不少员工从毕业开始就在上海家化工作，一待就是很多年，如总经理黄震，便是 1994 年大学毕业时即进入上海家化，至今已经为上海家化服务 20 年。

2007 年上海家化进行股权激励时，由于国资身份的限制，只向中高层发五百多万股股权。当时，葛文耀和其他高管，多是借钱来购买这些股权。

2011 年，上海家化营业收入超过 35 亿元，同比增长 15.6%；营业利润高达 4.35 亿元，同比增长近 50%。上海家化的市盈率此后维持在 40 倍以上，平安信托已然获得不菲的账面回报。

2012 年 4 月，上海家化公告了股权激励计划，两个月之内，监管层、董事会、股东会皆亮出绿灯，这一股权激励计划，向上海家化中高层共 395 人授予 2535 万股股权，占上海家化总股权的 5.66%。当时上海家化的股价一直高于 50 元，因此这部分股权高达 10 亿元。从这一角度说，葛文耀的"去国资化"成功了一部分。

实行股权激励是葛文耀想做的事，也是陈刚的一贯思路。陈刚，时任平安信托直接投资部副总经理，是上海家化项目的操盘者。陈刚在接受媒体专访时就表示："在消费领域，一家企业的成败，管理团队的影响极大。所以在投资一家企业时，对高管和中层管理人员的激励极为重要。"他还指出，"对高管，你一定要去理顺其中的股权关系问题，一定要给他们设计好足够对等的风险收益机制——做不好倾家荡产，做好了收益最大。而一家企业执行力强与否，中层则起到非常关键的作用。高管定模式、定战略，执行则要靠中层"。因此，陈刚非常重视对中层管理人员的激励，这也是这次股权激励惠及面如此之广的原因所在。

这一时期，平安信托受益于上海家化的良好业绩，葛文耀和其他中高层管理人员受益于大股东首肯的股权激励计划，一切看起来都那么完美。除了因为双方理念冲突而带来的一丝不和谐音。但考虑这是一次控股权易主的并购，因此有冲突也是正常现象。

互动的不和谐音

平安信托进入上海家化后多次提出，让麦肯锡为上海家化进行一次战略诊断，因为平安信托认为上海家化的战略和治理不规范。不过，葛文耀认为，平安信托三番五次要做战略诊断，是为了对组织和人事进行大调整；另外葛文耀对这些与国际竞争对手有千丝万缕联系的咨询公司充满戒心，不想亮出家底，且他还认为，麦肯锡给另一大型企业的战略建议存在失误，故拒绝了这个建议。这是双方第一次重大的非良性互动。

"你收购的是集团，只是间接拥有上市公司 27.5% 的股份，我这董事长代表广大股东利益""3月份开始,面对平安的无理和压力,激发我只有把上市公司业务做得更好……"——2012年11月19日,上海家化董事长葛文耀在新浪微博上公开指责平安信托。葛文耀与平安信托之间的企业家与资本之争浮出水面。此时,平安信托入主家化集团仅一年。

3月份,到底发生了什么?

2012年3月,陈刚从上海调去北京工作,并且离开了直接投资部,转到基建投资部——这是一个被认为技术含量相对较低的工作岗位。平安信托另选其人接替陈刚,跟踪上海家化这一项目。

对于这一调任,陈刚后来的说法是,因为私人原因自己要去北京工作;而在部分平安信托员工和PE业内人士看来,陈刚的调岗实质上是受到了排挤,因为"陈刚一心做并购,却被派去做技术含量低得多的基础设施投资,这明显是要逼走他"。

在平安信托内部,"前台""中台""后台"岗位分别对应"投前""投中"和"投后":"投前"团队负责寻找项目,找到项目后和拟投资企业进行条款谈判、尽职调查;"投中"团队独立于"投前"团队再做尽职调查,也相当于是审核"投前"团队的尽职调查结果;"投后"团队则负责"投后"管理。

一位平安信托前员工指出:"'投前''投中''投后'相对独立,原本是为了避免道德风险,'投前'的人原本对投资企业最了解,但投资后必须交给'投后'部门的人去管理,后者不了解投资企业的情况,就容易与企业发生摩擦。"

在投资家化集团时,陈刚是投资操盘人,在平安信托入主之后,却是由公司投资管理部的人来负责对家化集团的投后服务。尽管"投前""投中""投后"相对独立,但陈刚依然能从中协调。而在陈刚离开上海,离开直接投资部后,葛文耀与平安信托之间负责居中调停的人,则不复存在。

回看这一事件,陈刚的离开,对葛文耀与平安信托的关系走向影响颇大。

对于平安信托与葛文耀之争,陈刚不愿多说,他只是简单表示:"平安信托和许继集团的关系很好,投资后,平安的高层去许继集团参观,许继集团的高层乃至中层也都去平安参观。而平安和家化之间,这种互动是不足的。"

陈刚认为,投资人与企业家的合作,不仅是企业对企业,更多是"人与人之间的沟通"。这种沟通不足,直接导致难以展开接下来的其他合作。

后来发生的一些事情可以佐证,陈刚与葛文耀有着极好的私交。2013年7月,陈刚从平安信托正式离职两个月后,就携刚成立的民族时尚产业投资基金出现在公众视野,介绍其企业的愿景:激活民族老品牌。葛文耀出任这一基金的首席顾问。葛文耀表示,他在民族时尚产业投资基金公司只是担任顾问,不担任具体职务,也不会投资。

葛文耀在陈刚发起的基金中任职,而且看起来两人对民族时尚产业的理念非常一致——这些都不由得让人猜想:如果陈刚没有离开上海,而是一直负责上海家化这个项目的"投后"管理,那么,葛文耀与平安信托之间的故事,会不会有另一种结局?

不甘心做"橡皮图章"

2012年11月,此刻的葛文耀和平安信托更关注的或许是,十几天后,上海家化将进行的董事会换届改选。

2011年平安信托入主上海家化时，上海家化在公告中曾表示"平安创新资本暂无改变上海家化现任董事会成员或高级管理人员的计划"。2012年2月，平安创新资本向上海家化推荐朱倚江作为监事，并获准。朱倚江曾任许继集团董事、财务总监，2011年末，出任上海家化集团常务副总经理。

一位长期跟踪上海家化的投资人声称，平安信托收购家化集团的条件之一是，不向上市公司派遣董事，只派一名监事。而2012年11月，平安信托却要向上海家化另外派一名董事。

2012年12月1日，上海家化董事会改选如期进行。平安信托董事长兼CEO童恺成为上海家化新一届的董事。与其他董事会成员都是全票当选不同，童恺是5票赞成，1票反对。这反对票正是由葛文耀投出的。据接近葛文耀的人士介绍，葛文耀此时对其他董事会成员有相当的影响力，他首肯了其他成员给童恺投赞成票，而他自己则投反对票。

这能看出，此时的葛文耀，虽是上海家化的董事长，却拧不过大股东的大腿。但他并不甘心当"橡皮图章"，所以自己投反对票以表姿态。这与他公开发微博抨击平安信托的做法，可谓一脉相承。

从公司治理的角度来说，平安信托虽然全资持有家化集团，因而是上海家化的大股东，它要求在上海家化的董事会中占有一席董事席位，并不为过。但若是有违此前承诺，则易于影响与葛文耀等管理层的关系；此外，这也可以视为，平安信托开始试图介入上海家化的运作。

海鸥手表：双方矛盾的缩影

上海家化与平安信托冲突的另一大焦点，是葛文耀心心念念的海鸥手表。

过去两年时间里，与"海鸥手表"有关的微博，葛文耀发了28条；而对于上海家化当时主推的"佰草集"，他仅发了24条。葛文耀在微博中，对海鸥手表处处称赞，已经掩饰不住上海家化试图参股海鸥手表的宏愿。

海鸥手表是天津海鸥手表集团公司（以下简称"天津海鸥"）生产的产品。依靠自主创新，天津海鸥研发生产出具有完全自主知识产权、代表国际高端手表技术水平的"三问表""万年历表""轨道陀飞轮表"和"2.5毫米薄型自动表"等产品。

而针对是否参股天津海鸥、以怎样的方式收购？平安信托与葛文耀前后发生过数次争执，这几乎成为双方关系的缩影。

早在2009年，葛文耀就开始跟踪天津海鸥，他并没有急于推出资本运作方案，而是在两三年时间里，陆续去了天津几次，跟天津海鸥的管理层、天津政府人员有颇多接触。通过一年时间的分析思考，他认为这是"最有希望，最有意义，投资回报可能最高的一个项目"。

此前，平安信托对家化集团做尽职调查时，就知道葛文耀在接洽天津海鸥，陈刚也曾跟着葛文耀一起去天津见过天津海鸥的管理层。那时，平安信托对天津海鸥表现了相当大的兴趣，也支持葛文耀布局时尚产业的计划，因此才有了向上海国资委提出"针对家化集团日化产业链延伸、化妆品专卖店、直销品牌、SPA汉方店、精品酒店、旅游项目开发、高端表业等时尚产业拓展承诺追加人民币70亿元投资"的承诺。

然而，当时间来到2012年11月，平安信托却变脸了，它们对天津海鸥兴趣不再。

了解平安信托投资风格的人认为，它们放弃天津海鸥不是偶然，而是必然。虽然平安信托有对上海国资委的承诺，但那只是框架性的承诺，真的要投入真金白银，还得一关关通过平安信托、平安集团总部的层层审批。而平安信托深入骨髓的投资原则是"安全第一"，这时的天津海鸥还处于亏损，葛文耀和家化集团此时去投资，行业跨度非常大。因此，这一看起来风险很大的项目，很难通过平安集团内部的风险控制。

而葛文耀则用完全产业的逻辑来看天津海鸥。他认为："海鸥的核心技术很强，很多方面不亚于瑞士；但高层的市场化运作水平有待提高，天津海鸥没有市场部，也没有设计师。而上海家化有40位工业设计师，却还不够用，还要再外聘设计公司。别人可能会看到这些是天津海鸥的不足，但对于企业家而言，发现问题就是找到机会——天津海鸥只需要建立一个7～10人的市场部，然后根据市场反应来开发、生产、销售、推广产品，很快就能盈利。手表如果能做好，将比化妆品更容易盈利，因为它可以做成奢侈品。"

当平安信托在计算天津海鸥的亏损账时，葛文耀则在算另外一笔账："按市场方法，海鸥只要卖2万～3万块表，就能达到上海家化目前七八个品牌，一千多个品种，三四亿件产品的销售额和更多的毛利额，而营销人员和费用只要增加若干分之一。"而分析是否投资天津海鸥，陈刚则是另一种逻辑："上海家化是个几百亿市值的公司，账上现金储备充足，可以做更加有想象力的项目。上海家化对标的是LVMH集团，不是做日化的宝洁。"

据了解，2012年12月31日，上海家化账面上的现金有13.285亿元之多。陈刚的言下之意是，以上海家化的规模，投资天津海鸥不过是几亿人民币的事，即使失败，对主业也不会有丝毫影响；但如果做成，不仅可以提升民族品牌价值，而且还能让上海家化从一个日化集团，变身为具有奢侈品概念的集团，可谓进可攻退可守。

种种迹象表明，陈刚的逻辑与葛文耀的思路大致吻合。葛文耀想要的上海家化，不是一个领先的日化企业，而是时尚产业的领头羊。葛文耀引进平安信托，考虑的是利用中国平安的资本优势、渠道优势，打造一个大的时尚产业集团，而家化集团就是进行这些跨行业尝试的平台。他原本的计划，是通过这一平台参股进军其他行业，做好后再放入上市公司。

所以，平安信托对天津海鸥前后态度不一，葛文耀决计不能接受。因为天津海鸥之于葛文耀并不仅仅是一个投资项目，更是他在民族时尚产业布局的重要一步。如果这一项目做成功，意味着上海家化朝时尚产业迈出了坚实的一步。

在董事席位上妥协后的葛文耀，当然不愿意再放弃做海鸥的想法。2013年1月，他发了近20条微博谈海鸥手表，其中一条是："看到85岁的褚时健种'励志橙'，很受震动。我还想做两件事，一是集中精力做好化妆品业务，争取国际上排名20位左右（上次评为第49名）；二是如天津津联集团和政府下决心，我会利用业务时间，带几个人帮助海鸥手表做成一个国人可以引以为傲的民族品牌。这是我的中国梦。"

葛文耀再次在公开场合谈天津海鸥，是在2013年4月，他即将出任上海国际时尚联合会会长（这一时尚联合会，已有很多知名的民族品牌入驻，红杉资本中国基金创始合伙人沈南鹏担任副会长），他谈到"我会给它（天津海鸥）当顾问，再招募一个4~5人的团队过去，这个团队会持有少量股票。这也可避免引发地方品牌的归属问题。天津海鸥要融资不缺钱，有几家基金都想进去。"

如此可见，葛文耀依然心系天津海鸥，只是实行这一计划的平台变了，不再是中国平安控股的家化集团，而是其他PE机构，葛文耀则由原本期望的投资人变身为顾问。可以说，这是葛文耀在退让、在妥协。他本希望借平安信托资本的力量打造对标 LVMH 集团的时尚产业集团，但葛文耀对平安信托最大的期望落空，导致双方的合作基础开始严重动摇。

黑云压城城欲摧

2013 年 5 月，葛文耀与平安信托矛盾激化。这一次，双方互有交手。

5 月 13 日白天，葛文耀在微博上公开指责平安信托，当天，上海家化股价下跌 5.3% 至 69.99 元 / 股。

晚上 9 点，平安信托公开声明，已经免去葛文耀家化集团董事长和总经理的职务；称"收到举报，集团管理层在经营管理中存在设立'账外账、小金库'、个别高管涉嫌私分小金库资金、侵占公司和退休职工利益等重大违法违纪问题，涉案金额巨大。目前，相关事项在进一步的调查中"。

14 日，上海家化的股票跌停。但这一天，平安信托与葛文耀休战——这天股市开盘前，上海市政府相关部门联系双方，希望暂时保持沉默，由政府出面调停。

16 日，上海家化召开股东会，两三百人的会场全满，后排还站了不少人。平安系只有朱倚江（上海家化监事）出席。葛文耀首度回应退休问题，表示"再有个两三年，上海家化应该能够独立运营没问题，就看大股东给不给我两三年时间"，并表示"虽然现在网上都在传大股东要罢免自己上市公司的职务，但是大股东会顾全大局"。

同时，葛文耀第一时间通过微博解释："2007 年，我考虑到自己快退休了，共享费从行政出没保障，便着手为退休员工建立长效机制，公司几十亿元的业务，能派生出许多利益，只要领导和业务人员不拿回扣，还是很容易解决。改制后,国家考虑家化退休职工已有既得利益,家化价格又卖得好,给了一笔资金,加上我为他们安排的,家化退休工作管理委员会很有凝聚力了。"

这一周,"平安 PK 葛文耀"成为最热门的财经事件。虽然 14 日之后,双方都保持沉默,但从平安信托免去葛文耀在家化集团职务,并暗指他跟"小金库"有关那一刻起,"平安投资家化"就已从一个本有望成为经典的投资案例,变成了 PE 机构与管理层纠纷的代表案例。

据说,早在 2012 年年底家化集团的一次内部会议上,平安信托就有人当着很多人的面对葛文耀说:"葛总,你是不是想去上市公司拿工资?"这句话被葛文耀及其高管解读为平安相关人士威胁要免除葛文耀在家化集团的职务。当时葛文耀身兼家化集团和上海家化的董事长,工资是从家化集团领,这话背后的意思是"你应该认清代表谁的利益,如果不能和平安保持一致,那你别在家化集团担任职务"。

有人认为葛文耀事先知道平安信托可能出此招数。因为 3 月份,平安信托曾在家化集团做过一次内部审计,当时平安信托的一些做法就是想找出类似"小金库"这样的漏洞。这些动作自然就传到葛文耀耳中,但葛文耀以为没什么:"我不就是给退休工人发了一些福利吗?"

双方的理念那时已经有严重分歧,平安信托此举的目的是拿下葛文耀,继续推行其理念。葛文耀想基于品牌发展高附加值产业,最终能在被外资品牌多年的欺压中翻身。他以前认同平安,是觉得平安在中国金融行业做到了这一点,而且平安进入家化集团前承诺要帮他在时尚产业中实现相同的梦想;但进入家化集团后,平安不但不向家化集团输血,反而要从家化集团抽血,比如卖家化集团的三亚酒店,卖家化大楼……葛文耀不得不怀疑他可能被"忽悠"了。

而对于平安集团来说，上海家化这个项目，只是个交易。他们的心态是，我们花了这么多钱，全资控股家化集团，又是上市公司第一大股东，还控制不了这些企业关键资产的流动？这是不能允许的。这背后跟平安最高层的治理理念有关。平安有一种倾向，其核心价值来自于高层这个精英群体，下面的人如保险经纪人，要用KPI（关键绩效指标法）来实现管控，在任何时候，对任何对象，平安投资的公司不能让别人感觉到失去控制。

平安信托一位员工私下的说法佐证了上述判断："平安和陈刚对葛文耀的态度不同，陈刚看重企业家的作用，而平安的思路就是用制度来保证投资的安全，缺了谁企业都可以照常运转。"坊间传说，陈刚曾试图在葛文耀与童恺之间劝架，他当时对童恺说："如果要把老葛拿掉，那我问你，如果把马明哲从平安拿掉会怎么样？"童恺反问："有这么严重吗？"陈刚说："比那更严重。化妆品行业这样竞争激烈的行业，非常依赖于团队。"但最终，陈刚的斡旋失败。5月22日，陈刚从平安信托辞职。

葛文耀"以退为进"

2013年9月17日晚间，上海家化公告称，董事长葛文耀提出，因"年龄和健康关系"，申请退休。次日，上海家化的股票跌停，收于48.35元/股。

葛文耀的辞职，事先已有预兆。9月14日，他曾在微博上说："我一辈子只做了一件事，我相信家化的品牌和家化会永存，哪怕我离开了。"接下来，葛文耀没有出任全职的职务，他的微博认证改为"上海国际时尚联合会会长"。此外，两个月前，陈刚出面募集民族时尚产业投资基金，葛文耀也在这一基金担任首席顾问。

种种迹象表现，葛文耀的退休，并非认输出场，而是一种"以退为进"的策略。据称，葛文耀宣布退休后，也对不少人表达过他重回上海家化的想法。有公募基金的人也表态："如果接任者不行，我们支持你回来。"这些反馈也鼓励了葛文耀计划回上海家化的想法。但对平安信托来说，葛文耀的离场，摆在面前的首要问题是，谁来接任？

9月22日晚间，上海家化公告，董事会决议：葛文耀辞职被批，独立董事张纯任代理董事长。

10月15日，家化集团提名谢文坚为公司第五届董事会董事候选人。这无疑体现了大股东平安信托的意志。谢文坚为原强生（中国）医疗器材有限公司总裁。平安信托力挺谢文坚的意思颇为明显。

10月18日，上海家化的机构投资者易方达基金管理有限公司（以下简称"易方达"）、汇添富基金管理有限公司（以下简称"汇添富"）和华商基金管理有限公司（以下简称"华商"）来函，共同推荐曲建宁为公司第五届董事会董事候选人。其时，易方达、汇添富和华商旗下所有基金合计持有上海家化1.25亿股，占上海家化总股本的18.59%。

曲建宁曾于2004年至2012年年末担任上海家化总经理、董事。当时有业内人士分析，几家公募基金此举，既是对平安信托逼走葛文耀、突然提名谢文坚不满而表示的姿态，也是推选自己的代言人进董事会，以期争取更多的话语权，督促平安信托积极与机构投资者进行沟通，优化上海家化的管理结构。

10月底，谢文坚被董事会选举为上海家化董事长。他就任第一天，上海家化的股票跌幅为5.22%，收于43.90元/股。

11月20日，上海家化收到中国证监会《调查通知书》，上书："因你公司涉嫌未按照规定披露信息，根据《中华人民共和国证券法》的有关规定，我会决定对你公司立案稽查,请予以配合。"据说,平安信托控制下的家化集团,对推动证监会来调查上海家化未披露"小金库"一事非常积极。目的是希望证监会给予葛文耀某种处置,将葛文耀的离开彻底做实。这一次,上海市政府没有出面力挺葛文耀,可能其考虑是"葛文耀反正要退休的,他们先看看平安这样是不是行得通"。葛文耀虽然在上海家化有颇多"嫡系",但这些人从高级管理人员到中级管理人员,持有大量期权,此时继续留在上海家化工作,保持上海家化的股票稳中有升才符合他们的利益最大化。所以,葛文耀就这样暂时离场。

谢文坚入主上海家化

谢文坚带着众多质疑进入上海家化,他可能并未料到,他的一言一行会被认真分析与解读,从始至终被拿来与葛文耀比较。比如,谢文坚曾在一次闲聊中说"我高尔夫打得不好,但马总(马明哲)打得好"。这被解读为,谢文坚说这句话,是"为了显示跟马总关系近,他接任上海家化,不是靠童恺的关系"。但上海家化内部一些人依然认为,谢文坚跟马明哲的关系并不深厚。再比如,谢文坚入主上海家化后,多次以颇为赞许的语气谈到强生,并喜欢讲战略、流程、KPI以及怎么分配业务指标等,这又让上海家化员工觉得他有一种以前在一个很"牛"的外企待过的优越感。

在某些人看来,谢文坚的路数就是外企的那几板斧。谢文坚入主上海家化时是52岁,他的职业生涯正赶上跨国企业最好的时光,在职场获得了耀眼的光环,因此无比相信外企的那套流程、程序和规范,但这些是否可以全盘移植到上海家化这样一家国企?谢文坚能不能适应国企?很多人表示担忧。

在上海家化，谢文坚可施展的空间并不大，因为大的方向都由平安信托设计好了。入主上海家化后，谢文坚请进了贝恩咨询——这也是以前平安信托想做而被葛文耀拒绝的事；进入上海家化后，贝恩咨询会挑挑错，然后谢文坚再制定一些有针对性的制度，做一下品牌和战略梳理。

2014年3月13日，上海家化发布了2013年年报，这是葛文耀离开后，谢文坚交的第一张成绩单。这一年上海家化的营业收入和归属于上市公司的净利润分别为44.7亿元和8亿元，同比增长11.7%和28.8%。这一业绩增速表现逊于2012年，但考虑到是在公司董事长变动期间，其表现还是略高于市场预期。但某种程度上，这一业绩还是"吃葛文耀的老本"。

PE人士认同平安信托的做法吗？有PE基金合伙人指出：在平安信托收购上海家化这个案例中，在葛文耀带领之下，上海家化业绩如此之好，平安信托那么强硬的逼走葛文耀，谢文坚接任后，如果业绩下滑，如何向其他利益相关方交代？

一家大型股权基金掌门人指出："目前在国内做并购式收购最关键的是人，在对一家企业做控股型收购时，分为两种情况，一种是认可管理层，保留原有团队，通过制度设计来保护控股方的利益；一种是拯救式收购，需要并购方换掉原来的管理层，重新组建管理团队。"

上海家化2014年上半年、全年业绩会如何，才更体现谢文坚或是平安信托的意志？平安信托与葛文耀之争就此终结了吗？目前尚无定论。（潘沩　文）

/ 附 文 / **家化迈入平安时代**

"昔闻六国重连横,谁见春秋致太平?"这是《致国士》诗中的句子,可能也是上海家化原总经理、董事王茁谢幕时的心境。

2014年6月12日上午,上海家化召开了2014年第三次临时股东大会,其主要议案为对上海家化原董事王茁的解除。

一位参加了会议现场的投资者张先生说:"王茁发言念了首诗《致国士》,讲了个鹦鹉的故事,他对上海家化还是很有感情的。不过,最终还是要走。"

这是王茁最后一次站在上海家化的演讲台上,而这次演讲也显得异常悲伤。

王茁动情地说道:"事已至此不多说,只想感谢24年来,宽容、鼓励、帮助我从实习生到公司高管的所有同事。家化几乎就是我的整个世界。"

同时,他还强调:"如果说6月12日的股东大会对我董事身份的罢免,是一次预先通告的谋杀。那么这是现任董事长个人的行为,还是大股东被倒逼的结果,我不清楚。"

对于这样的情绪,现场小股东也颇有同感。

上海普欣电子有限公司董事长、浦姓股东首先提问,他要求公开平安方面和葛文耀当初签订的合约,并质问平安方面到底做了些什么,兑现了什么。

谢文坚则表示,上海家化的信息披露和自己的股权激励没问题。他再次强调了上海家化的战略目标和核心优势,并强调该规划是上海家化自己的规划。

在小股东要求下，独立董事张纯和苏勇也先后发言。

张纯表示："我认真看了议案，也独立表达了自己的意见。对上海家化非常有信心，对团队有信心，希望股东给予时间和空间。"

让人觉得啼笑皆非的是，与现场小股东的愤慨所不同的却是最直接的投票结果。

上海家化公告显示，出席会议的股东和代理人人数为103人，所持有表决权的股份总数为2.43亿股，占公司有表决权股份总数的比例为36.09%。同意解除王茁董事职务的票数为2.32亿股，占95.704%，反对票数为800多万股，占3.30%。弃权票数为243万股，占1%。这一结果说明，一方面可能是因为多数小股东见到大势已去也不好再投反对票，另外一方面，当天并没有什么机构到现场，平安在之前的沟通会上应该与机构投资者都打过招呼了。

其实，5月中旬，王茁董事职务将被解除的消息一出，王茁和谢文坚便开始多轮交手。

首先，5月15日，王茁提出反对解除其董事职务和总经理的理由，并以补充说明公告形式发出；其后，6月8日，王茁的一封"冲突内情公开信"在网上开始流传。而葛文耀也在微博上力挺王茁。

之后，谢文坚开始出手，他于5月31日召开现场投资者交流会，勾画上海家化未来五年发展战略规划，提出2018年营业收入120亿元的目标；6月10日的战略沟通会，谢文坚带领其新团队亮相，宣布暂停双妹、玉泽、茶颜等品牌的市场投入，同时表示将并购年销售额20亿元的日化品牌，对于平安套现质疑也进行辟谣。

在上海家化内斗之初，曾经在2013年股东会上表示支持葛文耀的基金机构们现在也已经集体失声，同时倒戈。

在2013年半年报时，共有199家基金机构持有上海家化，当时其总持股为2.92亿股，占总股本的43.52%；但2013年第三季度则仅剩下61家基金机构，持股下降到2.2亿股，占比32.72%；2014年一季报显示，持有上海家化的基金机构仅为40家，总持股下降到1.63亿股，占上海家化总股本的24.28%。

有研究员表示："时移世易，葛文耀时代的家化确实是投资好标的，而由于内斗耗成这样基金们也很受伤，在2013年中很多基金就已经割肉走了。仍然坚持的更多的是看中家化本身的价值，所以也并不会和平安对着干。"

2014年6月12日收盘，上海家化报收33.92元/股，涨幅5.02%。这是上海家化三个月以来的最大涨幅，其股价已经三连阳，受累于内斗的上海家化的股价也终于能够得到反弹。

而与之前葛文耀在微博力挺王茁所不同的是，6月12日葛文耀并未对上海家化对王茁解除董事职务一事进行评论。一位不愿署名的上海券商行业研究员认为这是葛文耀觉得已经无力回天了没法再说什么。

至此，上海家化原董事长葛文耀及其嫡系王茁、财务总监丁逸菁全部离开，上海家化的平安时代真正开始了。（周松清　文）

"双猪汇"：
双汇海外大收购真经

双汇在万隆带领下，从一家股权100%由漯河市国资委持有的小厂，经历一系列惊心动魄的重组，在资本帮助下"赎身"，终于成为国内行业龙头。这场海外大收购决定了它能否将公司拉上更高段位。

在科幻片《环太平洋》中，作为人类抵御外星怪兽的最后战场，浪漫的维多利亚港口几乎成为废墟，双汇国际控股有限公司董事会主席万隆则在这里指挥了一场改变世界肉制品格局的收购战。2013年9月26日，双汇国际控股有限公司（以下简称"双汇国际"，系双汇发展的控股股东，也是双汇发展第一大股东双汇集团的控股股东）耗资71亿美元完成了对全球最大猪肉加工商及生猪养殖商SFD（史密斯菲尔德食品公司）的收购。前者以每股34美元支付大约47.2亿美元现金获得了后者全部流通股，并承担后者24亿美元债务。有接近交易的人士透露，若将交易费用都计算在内，双汇国际为此共付出了75亿美元左右的代价。

2011年，双汇集团（以下简称"双汇"）因为瘦肉精事件陷入了前所未遇的危机，最糟糕的时刻，集团销售额每天损失1亿元。在漯河市体育馆内，双汇董事长万隆召开万人职工大会，动员全体员工，联合供应链各环节，共克时艰。

由河南省节奏缓慢的中部小城到香港维多利亚港，从众矢之的到国际化标杆，万隆无论在顺境抑或逆境都没有乱过方寸。

万隆否认双汇国际看似突然的国际化大手笔与两年前的瘦肉精事件有任何关系，而是强调布局已久。不过，瘦肉精一事对双汇的警示是：已经做到行业老大的公司，无法再仅依靠扩张产能、提高效率、优化机器设备来巩固竞争力时，必须通过内部和外部双重力量改造生态系统。万隆自己也认为："我们早有这个（国际化）想法，企业做大以后，国际化是迟早要走的事情。怎样实现国内、国际市场优势互补、资源配置，这是大企业的主要问题。"

希望借收购实现价值链全球优化，对于中国公司的诱惑与日俱增，联想、TCL、中联重科、吉利、三一重工等一线制造业公司，在不同时期相继发起了一次次冲锋，掀起了一场"收购老师"的运动，站在当下回溯，它们都不可避免地经历过整合之痛，但不迈过这道坎，就永远只是全球化竞争的看客，甚至无法拓深其在国内市场的护城河。

以复星、双汇等为代表，中国公司新一轮国际化正在胎动之中，它们试图打通中国与全球的消费市场；不再仅以海外夕阳产业中的优势品牌为目标；与资本有更默契的合作；最重要的是，准备充分，不再为接住突然掉下的"馅饼"仓促出手，而是备足粮草，静候时机。据中国银行股份有限公司（以下简称"中行"）金融总部客户关系总监李芒分析："双汇的海外并购很有特点，准备时间非常长，但决策时间很短，果断抓住了机会窗口。"

三位"关键先生"

交易收官后，SFD 的 CEO 拉里·波普曾去漯河拜访，这并非他第一次来双汇总部，但还是有新发现。在加工厂内，他指着已经清洗干净的猪肚问：这有什么用？有人告诉他，春节期间，一吨猪肚的价值能达到4万元人民币，他大为惊讶。

双汇与SFD之间并非仅有市场消费习惯的差异。后者在产业链整合度、机械化程度以及市场规模等方面，都是前者的榜样。2012年，SFD生猪养殖量约为1400万头，屠宰量约为2800万头，约占全美屠宰量的28%，肉制品生产量约为130万吨，销售收入约131亿美元，约合800亿元人民币。同年，双汇国际控股的双汇发展出栏生猪约为31万头、生猪屠宰量约为1142万头、肉类总产量约为270万吨，销售收入约393亿元人民币。

不过，双汇国际吞下SFD这个资产和销售收入都在自己两倍以上的标的，只用了120天。推进如此迅速，得益于双汇方面有三位"关键先生"——除万隆外，还有双汇国际首席执行官杨挚君与鼎晖投资基金管理公司（以下简称"鼎晖投资"）总裁焦震。杨挚君曾是万隆的助理，他执行力强，善于沟通，深得万隆信任。鼎晖投资通过CDH Shine Limited（鼎晖Shine）旗下的四只基金，拥有双汇国际33.7%的股权，是其最大股东。焦震在本次交易中曾"盯着细节一步步地往前推进"。他曾笑称，鼎晖投资与一般财务投资者不同，"我们是铁打的营盘铁打的兵"。

交易真正启动在2013年3月份，SFD最大股东康地谷物公司希望SFD将利润率较低的生猪生产业务分离，在业务稳定、高利润率的猪肉和包装食品上集中精力。公司管理层反对大股东的分拆建议，并由此加深了出售意愿。嗅觉灵敏的摩根士丹利迅速把这个消息传递给了在同一座大厦办公的双汇国际。

SFD和双汇有多年贸易合作，根据美国农业部数据显示，2012财政年度，美国累计出口 183.7 万吨猪肉，其中出口到中国的猪肉量占比约为 16.7%，而中国每年猪肉消费量在 5000 万吨左右。虽然 SFD 和双汇合作的数额并不大，可万隆每次去美国，SFD 都在他的行程单上。

对于收购 SFD，万隆一开始还是有一些担心的，例如美国能否批准，有没有人出来竞争，另外有一些人对价格问题等方面还有不同的看法。不过，鼎晖方面则持全力支持态度，认为 SFD 资产好，数据真实且法律环境好，贵、便宜暂不考虑，应该积极往前推进。经过慎重考虑，董事会很快形成了参与收购的决议。

3 月中旬，中行从双汇香港团队处得到了双汇正在启动超级并购的消息，但并不知晓具体对象是谁。由于 SFD 是上市公司，一丝可供资本市场猜测的消息泄露，都可能会导致其交易价格、交易格局发生重大变化，因而在中行与双汇接洽的初期，潜在拟并购对象仅以代码的形式出现在双方沟通中，中行只模糊地知道这家代码公司所处的产业。此后的几周，中行才逐渐廓清了具体的交易框架。

一直定位于领跑涉外业务的中行，拿下这笔交易意义非凡，这不仅是"中国企业在美国最大一桩收购案"，事后又被赋予了"中国企业第二次出海收购相关行业中的全球最大企业"等意义。此前，中行鲜有机会在这样规模的并购交易中占据主导的地位。一个足以凸显中行对此次交易重视的细节是，中行董事长田国立为了推进此次合作，特地与万隆见了面。

5 月 29 日，双汇国际正式对外宣布已与 SFD 达成协议，这比原计划稍微提前。原计划是 6 月初，由中行提供一份无条件银行支持函，以证明双汇国际具备收购能力。当中行方面正按照此进度准备材料时，突然接到了双汇国际的提速要求，只能立刻调整节奏。

备足粮草

这是一场产业资本与金融资本的双重游戏。中行对双汇提供了通常大型国有企业才能享有的支持。中行纽约分行作为当地唯一一家拥有A级评级的中资银行，为双汇国际开立了40亿美元融资承诺函。6月末，中行举行了全球近30家银行参加的银团筹组推介会，获得2.1倍的银团超额认购。8月底，由中行牵头的8家银行与双汇签署银团贷款协议，此项银团贷款包括一笔25亿美元的3年期贷款，一笔15亿美元的5年期贷款。其中中行为双汇国际提供10亿美元贷款，荷兰合作银行、东方汇理银行、星展银行、法国外贸银行、苏格兰皇家银行、渣打银行与中国工商银行这7家分别提供4亿~5亿美元，中行还负责银团贷款代理行、抵押代理行、文本代理行、账户监管行等。

双汇国际所显示的融资能力，很可能是最后让SFD管理团队及股东排除各种障碍，愿意接受一家中国公司的原因之一。

双汇与中行交往多年，在几个关键的时点，中行都曾站出来支持。例如瘦肉精事件发生后，有一些金融机构撤资，而中行第一时间站出来为双汇提供放贷增量。

据透露，中行有足够能力单独提供40亿美元贷款，不过，双汇国际方面希望融资过程中就体现出国际化，因此形成了该融资结构。

"中国整体政策导向是鼓励政策性银行与商业银行支持中国企业境外并购的，在这样的大环境下，如果你是行业龙头，相对容易获得银行的支持。"易凯资本有限公司创始人兼首席执行官王冉认为，在很多行业中，全球范围内资产价值被严重低估，这样的资产如果拿回来，和中国市场很好结合，就有机会放大资产价值，而银行业也愿意配合，因为银行业寻找好的贷款出口同样有挑战性。

作为交易顾问的摩根士丹利也在其中分了一杯羹，它承诺提供39亿美元融资，其中包括规模达7.5亿美元的循环信贷工具，16.5亿美元定期贷款以及15亿美元过桥贷款。双汇国际对摩根士丹利而言，可以一鱼多吃，通过并购融资安排，能让他们除了赚得并购顾问费之外，还可以挣到组团融资和提供融资的双重收益。

在中国，这个趋势已非常明显，即使A股并购的财务顾问，除了提供顾问服务之外，也正在越来越频繁通过设立并购投资基金或用自己的资产负债表为并购客户安排并购所需的过桥和夹层融资。一些比较复杂的国际并购业务，特别涉及政府审批与反垄断、国家安全审批时，有一家国际投行在会更好，境内企业还是更容易信任本土投行，但在一些更适合境外投行发挥作用的环节，也会引入境外投行一起来配合。

国际豪华版阵容

如同一位全程经历了这次交易的中行人士所说，中行没有能力在任何一个并购交易模式中都起到牵头作用，"一些金融机构在国内做时没有问题，但要到境外去做时，必须要按照那个市场的要求去做，在那里要有一定话语权"。一项交易能不能获得审批有很多公关游说工作，而中资机构游说能力可能还是不够。

在双汇国际并购SFD的过程中，双汇国际方面参与并购的团队均是来自全世界顶级的专业机构，摩根士丹利是顶级的，Paul Hastings（普衡律师事务所）是顶级的，而且，不只所有参与机构都是顶级的，参与的人也是顶级的专业人才。

国际豪华版阵容，成为120天内达成交易的关键之一。如果不是有这样的后台支持，双汇国际收购两倍于自己的庞然大物是不太可能的。

对冲基金狙击、竞购者隐现、监管机构质疑……所有跨国收购中常见桥段，在这次交易中也全部上演。不过，如果你想看一个惊心动魄的故事，会有些失望。此次交易最值得借鉴的并非处理突发挑战的机智，而是对交易前的系统化思考与过程中的系统化执行。

6月中旬，SFD第一大股东，持有5.7%股份的对冲基金Starboard Value LP（以下简称"Starboard"）提出了类似康地谷物公司的建议，即希望公司进行资产分拆，拆分成美国猪肉加工、生猪养殖以及国际肉类销售三大类别分别销售，而非接受原定双汇国际收购的计划。

Starboard认为，本次并购显著低估了SFD公司加总后的各部分估值，如果分拆后，该加总后估值估计可以达到税后90亿到108亿美元，或每股价值可以接近于44到55美元。

万隆对此持完全相反的看法，他觉得SFD一旦分拆就不值钱了，因为它的一大优势就是产业链完整，包括养殖业、饲料业、屠宰业、肉制品加工业，这使它保证产品的食品安全以及调整结构都比较容易。另外随着今后的发展，产业之间能够联动。"其实我们心中有数，一点也不紧张，我估计管理层和员工也不一定会接受，分拆之后，价值就缩水了。实现产业化是一般的小企业做不了的，只有大型企业，才有规模支持。"

6月是焦灼之月，双汇国际向美国海外投资委员会（CFIUS）提交了收购案。该机构负责审查外国投资是否会对美国国家安全构成威胁，它由美国财政部、国家安全部、司法部、国防部、国务院和情报机构委派代表组成，正常情况下交易在30天内的初步审查中就可获批。不过7月，并无收购审批权的美国参议院农业委员会主席要求CFIUS将"中国和双汇在食品安全的不良记录"纳入收购审批重要参考依据，7月24日，CFIUS决定对交易展开为期45天的第二轮审查。

有意去美国收购的中国公司，都有与CFIUS交手的经历。华为、三一重工在美投资受挫，都与其审核有关。另一方面也不乏成功案例，如华大基因收购完整基因，万向收购A123，汉能控股收购Miasole，虽几经波折，也都通过了这一关。

摩根士丹利在此次交易中最重要的作用，不仅是帮助双汇国际定位到了SFD，整场战役打下来，摩根士丹利的贡献还在于对美国国会、证监会的公关游说。

双汇国际内部也早已通过沙盘推演，考虑到各种变数。"真正的关键时刻是考量你的机构和对方客户的关系如何？人家是不是告诉你心里话？你是不是对他有个准确判断？例如当地的规矩你必须完全了解，在美国有fiduciary duty，中国叫作信托责任。"一些细节特别重要，比如在美国给一家上市公司CEO写一封信，要知道什么样的信他必须拿到股东会上讨论，信应该怎么措辞，如何描述，这个信是周五发还是周六，这些问题看似很简单但都非常关键。

"例如关键时刻，你提价一块钱，还是五毛钱？可能一块钱不一定成，但五毛钱就能成。这些都需要有丰富经验的人去判断。甚至包括这个会到底是5点开还是3点半开？你说有区别吗？美国的收市时间是4点，如果3点59分开就有问题了。所以打电话、通知都得在4点01分以后发，为什么呢？如果是3点59分时打电话，一旦美国证监会调查起来他们就会质疑你，1分钟的事给你弄个底朝天。"关键人物之一焦震感叹执行过程中有无数细节需要留意，当时有上百个律师帮忙做这件事。

双汇国际是获得了SFD管理层支持的白衣骑士。SFD董事会批准了公司收购要约后，其管理层有义务和责任去配合该并购项目。如果美国政府提出了针对双汇国际的问题，中方会负责，如果是针对SFD的问题，该公司管理层会负责。

此次交易中，SFD没有得到任何资金，相反，它借了9亿美元债务来帮助双汇国际融资，其中给了双汇国际7亿美元来完成收购，剩下2亿美元来付律师和银行家的费用。

拉里·波普在收购后继续留任，他向董事会推荐了这笔交易，并负责解释交易的细节。他认为SFD董事会的讨论集中在两个问题上：交易价格是否够高，对公司长期经营是否有好处。他还参加了国会听政，去解释自己的一些意愿和想法。他认为此次收购将有助于美国农业扩展海外市场以及提供新的就业机会，也是将SFD及旗下品牌输入新市场的机会。

波普同样对大股东分拆公司的方式感到不满，他认为那对公司不是最好的方式，可能会毁掉公司，或者损害股东们的利益，而且财务分析也显示这对公司不利。

美国当地时间9月10日，双汇国际宣布收购取得CFIUS的审批许可。美国当地时间9月20日，Starboard向SEC（美国证券交易委员会）递交文件，表示由于没有替代性收购交易，将投票支持双汇国际收购美国最大猪肉生产商SFD的计划，除非另有收购提议出现。

4天后，SFD召开临时股东大会，由股东投票决定是否最终同意出售全数资产给双汇国际，最终获得了96.3%的通过率。

长期打桩

只有将更遥远的故事投射到现在，才能得到关于双汇国际化的完整拼图。为了这120天,双汇国际等待了7年,忙碌了3年。

据说因为这次收购,双汇国际首席执行官杨挚君有了个英文名字——George(乔治)。在他的一顶卡其色鸭舌帽帽檐上就写着这个名字,帽檐上还有一行字:"To my friend George Yang",落款是"Pope"(波普),还标注了时间,正是2013年5月28日——双汇国际与SFD达成收购协议的日子。漫长的准备过程,杨挚君都亲历其中。收购协议签订后的4个月中,万隆多数时间坐镇漯河总部,用电话遥控,杨挚君则冲锋在前。

双汇虽然偏安河南一隅,但万隆很早就意识到海外资本和机器设备能将公司带到更广阔天地。"这一套我体会最深,如果没有国外资金和技术支持,传统产业改造起来很难,小打小闹发展不起来的。"万隆曾感叹。20世纪90年代,拿不到银行贷款,万隆即开始寻找外资,与国内、国际上一流资本几番过招,双汇的股东名单都是资本大鳄俱乐部里的常客,除鼎晖投资外,还包括淡马锡、新天域、郭氏集团、高盛等。1998年双汇发展上市,市值不过6亿元,如今近千亿,翻了160多倍。在设备方面,美国、德国、法国、瑞士、丹麦、西班牙、日本的设备在双汇都有,都是最先进的。

2006年,万隆提出了国际化构想。这一年,双汇国有产权挂牌转让,鼎晖投资和高盛集团组建的香港罗特克斯有限公司(以下简称"罗特克斯")成为双汇大股东。2007年,双汇国际在香港落地,从出生之日起,这个境外机构的主要使命,就是以香港为投资平台,去海外投资。不过在此之前,双汇国际在香港只有一名常驻员工,杨挚君虽然会经常到香港,但主要精力依然在内部重组上,"自己的后院要先巩固"。其间他参与了改制、上市、重组几次大战役,逐渐脱颖而出。万隆觉得杨挚君已具备做国际化项目的能力。"我们要实现国际化,没有资本的支持,是实现不了的。在资本运作方面他(杨挚君)有经验,跟中介机构的合作方面他也做了很多工作。"

到2011年，双汇已将"后院"巩固完毕。双汇发展2010年年报显示，在净资产收益率（ROE）、资产收益率（ROA）以及主营业务利润率上都高于雨润、得利斯等主要竞争对手，而且其对于分销商具有优势地位，实行现货现款，基本没有应收账款。

万隆主张强人政治，但他很早就意识到，最大的对手正是自己。他努力让双汇变成一套精密的仪器，不依靠个人权威运转。例如双汇已建立起一套数字评价体系，主管都是三年一任期，管理者竞争上岗，分数不够就退出。万隆称自己也在考评体系范围内："我们有一个专门的考评委员会，到年底我向董事会汇报时，董事会不满意会对我提出来，而我得说清楚。"

不过就在此时，双汇走到了所有大企业成长中难以绕过的障碍前，即"上台阶之痛"。杨挚君认为，从双汇所处这个行业来讲，市场条件非常好，中国猪肉消费差不多占到全球一半市场，而中国市场还在不断成长，产业集中度再提高，给双汇这样的行业龙头提供了巨大的机遇。但如果从一些具体条件来看，仅仅依靠国内资源来支撑发展，肯定后劲不足。

"从大的方面我们看得很清楚，未来中国所需要的农产品，需要国外土地、淡水资源来生产，再输入到中国。另外，就食品安全、产业链条、成本竞争力、工业化程度等方面而论，我们和发达国家比较，特别是美国这样的农业大国，还是有很大差距的。"他算了一笔账，中国2011—2013年的活猪平均价格是美国的1.7倍左右。

看起来，双汇出海已非锦上添花，而是势在必行。外界亦有猜测，这也与资本退出的通道有关。此前，双汇发展与双汇集团因涉及同业竞争、关联交易关系曾饱受非议，还两度上演过基金经理逼宫双汇整体上市的事件。2010年前后亦有人猜测，为便于私募股权基金退出，双汇集团优质资产很可能利用双汇国际为平台在香港上市，不过其后双汇集团与双汇发展之间的重组，似乎未留下做这种安排的空间。如今，通过收购 SFD 全部股权，双汇国际或有可能将其重新打包到香港上市。不过，该猜测并未得到双汇与其股东方面的确认。

标的聚焦

从 2011 年开始，杨挚君常驻香港，他考察了近 100 个项目。"看了很多，也付出了一些代价，有的项目我们觉得太小，还有的与我们产业关系不大，原则上我们还是要做食品工业。"万隆总结。

杨挚君带着团队跑过英国、瑞士、加拿大等国家，最接近达成交易的一次在乌克兰。2012 年年中，杨挚君、焦震以及摩根士丹利中的近 60 人组成的团队在乌克兰调研了一星期。"乌克兰是欧洲的粮仓，你只看土地就羡慕死了，那才叫作黑的流油，不光土是黑的，地里都是水，不用浇地，比咱们北大荒地好多了。"一位参与了乌克兰考察的人士透露。该项目只有七八亿美元的规模，万隆一度很动心，但还是听取了内部不同意见，没有拍板。

比较了这么多项目，杨挚君最后发现，澳洲和欧洲在成本方面没有很大竞争优势，南北美的农产品成本都有比较优势，但南美的食品安全比不上北美，最后觉得还是去美国最靠谱。

双汇的生产基地，充分利用了河南省的低人力成本优势，但寻找海外项目时，香港的优势就凸显出来。杨挚君感觉"每天坐着都能接触到大量项目信息"。投行是信息传递的最好媒介之一，为了方便与投行和股东碰头，2011年，双汇国际从维多利亚港对面的和记大厦搬到了现在的香港环球贸易广场，与鼎晖投资和摩根士丹利的香港办公室成了楼上楼下的邻居。发现了值得考察的项目，杨挚君就会去15楼的鼎晖投资香港办公室，邀请焦震一起去实地考察。

国际化人才储备也从搬家后开始，杨挚君从高盛、普华永道等世界顶级公司招募组建了现在这支团队。"我们虽然人不多，但都是精英。从背景看，最本土化的是我自己。"提起团队，性格内敛的杨挚君流露出少有的兴奋。

从搜集信息，到网罗人才，再到对外投资，杨挚君越来越意识到，香港是跨国收购的桥头堡。"在香港，只要有融资能力，就可以随时用于公司董事会和股东会决定要投资的项目，不需要考虑其他非经济的因素。"

设立双汇国际，而非以A股上市公司双汇发展作为投资主体，是很巧妙的安排。万隆觉得"这样比较简单，也比较顺利，减少很多麻烦"。除了在境外用美元融资比在境内通过人民币融资成本更低之外，还能简化交易程序。

当然，双汇发展作为双汇国际所控股的实体，亦为交易提供了背书。目前披露的财务数据显示，双汇发展猪肉产量只能占到SFD的50%，利润仅比SFD多30%，但在并购宣布前，SFD市盈率尚不足20倍，双汇发展市盈率却超过了25倍。

在易凯资本有限公司创始人兼首席执行官王冉看来，A股发审制度下特有的高市盈率，正在成为A股公司或相关利益方并购中的隐形红利。

王冉说："A股特有高估值好处在于，让A股背景公司出手收购时拥有足够的价差空间。比如一家市盈率为40倍的公司，并购一家市盈率20倍的公司，那么对并购方的所有股东来说，意味着一个增盈性的交易，这家公司的内部收益也通过这次并购有所提升。所以A股公司会利用这样一个整体市盈率比较高的优势，在市场上来做整合。这种明显价差收益空间客观上也为并购试错留出了一定的空间，成为A股公司海外收购的强力支撑。这也是现在越来越多的A股上市公司，将自己作为并购整合平台的原因所在。"

交易结束后，虽然与之相关的国际市场人士都在传递正能量，但还有一抹悬念留在了双汇发展身上。贷款公告称，双汇发展直接和间接被抵押的股权达73.26%。为归还贷款，罗特克斯此前已向境外贷款银行承诺，双汇发展每年会将不少于计提盈余公积后净利润的70%用于股东分红，以偿还双汇国际为并购背负的巨额债务。

以70%的净利润用于连续分红，这在A股市场较为罕见，在双汇发展股吧中，关于高分红扰乱上市公司发展速度、双汇发展成为大股东印钞机的讨论此起彼伏。

"双汇发展作为一家上市公司，面对这样的股权质押、分红安排，核心在于其完整真实地向证券市场传递信息，其他的判断就可以交给资本市场了。如果投资人不喜欢这样一种发展模式，那么可以用脚投票卖掉双汇的股票。而无论双汇发展的股价下跌抑或不跌反涨，都反映了市场的判断。"王冉称。

资本市场的判断与股吧里的声音有鲜明对比，从9月13日双汇发展披露股权质押当日，至10月23日，双汇发展股价在22个交易日内上涨了21.28%。

各取所需

"会不会关闭工厂？""是否希望有工会？""多久能得到升职机会？""说

话算不算数？"

9月27日，交割后第二天，万隆出现在美国弗吉尼亚州东南部一座小镇，这里是SFD总部，小镇就以公司为名，其镇徽就是一头白色小猪。万隆参加了当天的职工大会。期间，在专门为他安排的茶歇上，数百名SFD员工排队等着与他握手，不时有人向他抛出上述问题。万隆能解决的都给解决。

关于交易的一个最常见质疑是：SFD是否是带刺的资产？如果真如利益相关方描述的这样美妙，又为何要出售？

事实上，SFD同样有迫切的深度国际化需求，它实际上是一家靠并购起家的公司。三十多年前，这家公司还很小，每年销售额低于2亿美元。1998年它进入欧洲，那一年收购了一家法国公司，差不多同时进入加拿大，还收购了西班牙、荷兰、罗马尼亚的公司，2000年左右进入墨西哥，还在中国建立了一家很小的合资公司。在20世纪末，该公司决定走向国际化，因为在美国本土扩大市场规模已很难了，在美国收购的代价比在其他国家寻找机会要更昂贵。通过25～30次收购，这家公司从一家小公司终于发展成为世界上最大的猪肉加工生产商。

自2005年以后，SFD公司收入增长处于停滞，复合增长率仅为2.1%，其中2009年和2010年两次出现较大亏损。波普解释肉类是个周期性行业，价格上下波动取决于猪的供应量。当农民觉得养猪有利可图时，就扩大产量，供应量大了就会拉低价格，然后农民又减少产量，价格又拉高。在肉类行业这是个很常见的循环。他认为美国猪肉需求量是稳定的，波动不大，不过近几年的确有下滑。"因此我们不得不减少产量，否则价格就会因市场波动太大，导致亏损，我们现在面对的局面是，不把产品卖到国外，公司规模就要萎缩，和双汇的合并让我们可以把产品卖到世界上最大的猪肉消费国,这样我们的生意就能继续增长。"

焦震的看法是,农业企业做大以后不想国际化也必须国际化,农业最大的特点是其价格的波动性不可预测,没有人敢预测农产品储备价格,正因这个特性,越是国际化就越容易平衡供需的矛盾以及上下游的关系,农产品的国际化对产业链每个环节都有好处。

这也是万隆期待已久的交易。2008 年,SFD 曾有意出让 5%～10% 的份额,但他觉得太少。"我们不希望做单纯的小股东、投资者,我们要做实业,希望能够和它从产品、技术、管理上有一些实质性合作,这是一个基本想法。" 2012 年年底,SFD 和双汇开始探讨相互购买股票的做法,但价格一直没有谈拢。

按照协议,双汇国际承诺合并后 SFD 的品牌不变、管理团队不变、生产基地不变、工厂不变且不会裁员,并将与美国的生产商、供应商、农场继续合作。这些由万隆自己提出的"六个不变",亦是促成交易顺利进行的条件。

万隆当然清楚承诺的分量,尤其是其中两条——团队不变,工厂不关。换中国人管理,文化上面会有冲突;关工厂,工会就会闹事。他决定"按兵不动",自称有信心能把 SFD 运作好,"我们是同行,过去对它(SFD)了解,现在对它整个团队也了解,所以敢提出这样的条件"。

SFD 方面随后宣布,公司创始人曾孙 Joseph W.Luter Ⅳ(约瑟夫·刘特四世)辞去公司董事会执行副总裁职位,辞职于 2013 年 10 月 11 日生效。刘特四世的副总裁生涯从 2008 年开始,负责销售和市场。一位 SFD 的员工透露,双方还是有一点小分歧,"首先这毕竟是他的家族产业,现在没有了心里会有点不舒服,另外他对于扩大出口,还是有自己的想法"。

实际上,"六个不变"也是审时度势之举。只要分析近年来中国企业在美国、欧洲收购项目即可发现，类似条款屡屡出现。例如三一重工收购德国企业普茨迈斯特时，就曾在谈判中承诺，"品牌保留、工厂保留、高管留用、人员不裁"。

以双汇国际34美元/股收购价格计算，较SFD在公告之前最后一个交易日，即2013年5月28日的收盘价（25.97美元）存在约31%溢价。而彭博社一项统计数据显示，中国在美国并购所支付的溢价比例平均在30%~35%之间，其他国家对美国并购的溢价比平均则为25%。一个尴尬之处是，因为对一些失败交易的记忆，以及来自国内监管增加的不确定性，中国企业往往需要支付更高溢价以吸引卖家。

明日之征

收购只是双汇国际化过程中的一个小路标，所有人都在盯着万隆，看他接下来的路怎样走，才能到达如他所说的"完成全球最大的猪肉消费市场与全球最大猪肉生产企业的对接"。

10月10日庆功晚宴上，一位日本客人紧握着万隆左手，他是日本火腿株式会社社长小林浩。此次收购完成后他将加深与双汇的合作，把SFD产品从中国更大量地进口到日本销售。当天，万隆在香港披露了收购后的计划。SFD将增加由美国向亚洲的出口量，交易双方将建立新的全球贸易运营平台，并计划向中国推出高端产品。

在双汇看来，未完全发挥出口产能，是SFD的发展短板，双汇国际收购SFD后首要任务就是要帮SFD扩大其全球贸易。具体操作上，过去SFD网络占优势的地区，依然由其运作，在其他地域，则由双汇负责推动。万隆说："凭我现在的实力，完全可以做到。"

下一步，万隆计划成立合资公司，在中国新建工厂，并从美国进口猪肉，利用SFD的生产原理、工艺、技术，生产SFD品牌的产品。SFD拥有一系列在美国家喻户晓的品牌，如Armour、Farmland和Healthy Ones。

万隆将要解决的主要问题是，SFD在全世界十几个不同国家有不同的产品，双汇应怎样调整产品结构？例如在中国，由高温肉制品向低温肉制品转变，由高、中、低全覆盖向中高端转变，是双汇今后的战略方向，在此方面，SFD是很好的榜样。截至2013年，双汇肉制品实际产量为180万吨，其中130万吨为高温肉制品，低温肉制品占比依然偏低，而SFD在低温肉制品方面有着出色的工艺技术。

中投顾问食品行业研究员向健军指出，双汇优势在于常温肉制品，生产低温肉制品需要企业研发生产技术、增加设备及加大后期冷链运输建设等。前期双汇需要迅速占领市场，成为肉制品第一品牌，借助常温肉制品实现快速发展。如今提高利润水平是双汇的当务之急，而低温肉制品利润水平较高，确实是发展重点。通过收购，双汇可以丰富自身产品类别，一定程度上将减少发展低温产品的难度，但它仍需要通过营销来获得市场。

万隆的另一个想法是产业链协同，中国正在整合生猪屠宰业。"他们（SFD）专门卖肉，我们专门杀猪，这个产业链结合起来，很符合产业规律，也符合食品安全的要求。"

按照万隆的计划，他准备为双汇从目前工业化向自动化阶段转型采购新的生产线。当时，双汇只有南京一个工厂能做到自动化，并购后他准备在郑州、沈阳、西安等地设立新工厂。过去双汇屠宰肉制品加工厂，平均每个投资在5亿元左右，此时将上升到8亿元。相应的，新工厂的年产值将达到30亿～50亿元。

虽然羡慕SFD拥有从种猪到品牌猪肉的完整产业链，可双汇无法在短期内复制这种模式。一方面，上游养殖业投入大、风险高，另一方面中国土地趋紧，可利用土地分散，在环境保护上亦有难点。要做到从种植到养殖业一条龙，中国成本要远高于美国。"发展大型养殖业，没有政策扶持很难做大，不只是资金问题。"万隆对此看得很清楚。

外界亦担心偿债压力之下，双汇是否还有在产业扩张上的投资能力。目前，40亿美元银团贷款偿还方式包括，双汇国际在第一年和第二年分别偿还2.5亿美元三年期贷款，余下的20亿美元将在贷款到期时偿还；第四年末偿还4亿美元五年期贷款，到期时偿还剩余的11亿美元。万隆倒是觉得毫无压力。"我仔细算过账，从我们两家公司现在的盈利能力看，偿还不是多大的问题。两家加在一起，一年税后利润应该在10亿美元以上，另外还可以通过再融资、置换等低成本的融资方式，资金不是多大的问题了。我们历来都是高分红，企业还是保持了高速增长。"

就在双汇庆功酒会上，一位给双汇提供了多年法律顾问的律师举起酒杯说："希望不久的将来，我们能在这儿举办一场更大的庆功会。"随后他邀请万隆"讲两句"，不过万隆拒绝了。一位双汇内部人士也暗示：还有下一幕大戏。这么高的债务肯定有很好的方法来做，就像下棋一样，绝不会一步就走完，会交叉着往下走。其实这幕大戏没有那么神秘，很多人都已猜测其含义或是双汇国际即将启动IPO（首次公开募股）计划。（林默 伏昕 文）

/ 附 文 / **焦震：双汇收购 SFD 的逻辑**

双汇获得 SFD 认可，继而双方达成共识。在此过程中，双汇的管理水平以及管理层的专注是最后赢得 SFD 尊重的最核心要素。赢得美国人尊重极其不易，为何双汇的掌门人万隆能做到呢？在美国人看来，一个企业家能够在中国这么艰难的市场环境里，把这么复杂的产业做好是非常不容易的。做生鲜是极其痛苦的生意，万隆除了对"杀猪卖肉"的事情有兴趣，没有其他任何爱好。他在行业圈内名声在外，比如欧洲肉类协会称他为"第一屠夫"。十几年来，全球排名前五六名的肉食巨头间一直有来往沟通，双汇与 SFD 也有很深的渊源，早在四五年前双方就曾讨论过换股事宜，不过多方因素所致最终未能达成，但业务合作却维持至今。

双汇国际收购 SFD 是天时、地利、人和——正好美国市场的增长碰到了瓶颈，而且价格不是太贵；双汇到达一定规模；万隆得到了业界的尊重。当然，美国人选择收购方还有自己的逻辑，是什么呢？维持公司的增长。如此才能对美国的农民、农业有益。可现在哪里还有增长空间？中国。在中国，谁能帮我增长？如此追问下去答案就很明朗。

SFD 最大的诉求是把美国的好产品放到中国的货架上。这句话听起来很容易，实际上很复杂。首先，鲜肉不能冷冻，一冷冻，电力成本势必增加，且长途运输会致营养价值下降，唯一的办法是把鲜肉在冷鲜的状况下运往中国，到中国再加工，这需要非常先进的技术，谁拥有这样的技术？双汇；其次，鲜肉到达中国后，必须有快速销售的能力，谁有这个能力？双汇；第三，加上中介费用等这应该是一笔接近 75 亿美元的交易，如果没有双汇这么大的体量，如何担得起几十亿美元的风险？这些都是这个项目的基础。

对于万隆而言，如果把双汇称作A，SFD称作B，交易完成后的增量为C，这个交易成功的核心是：A是好的，B也是好的（现金流是正的，客户是稳定的，公司治理是很好的），更重要的是交易完成后的C，作为可预期的增量是非常清晰和可执行的。以往很多跨境收购案中，收购方不仅担心B能不能做好，还害怕拖累自己。其次，中国俗语叫作打铁还得自身硬，你自己能力不行，仅仅想依靠收购去弥补自己的短板，这个出发点是不对的。你有问题只能自己解决，不能靠收购解决。当A和B都是好的前提下，无非是考虑如何做增量，把C做得更好，这样成本就不是问题。万隆在关键时刻没有动摇。

万隆考虑双汇未来的发展，想要安全，想做得更大，想在世界上有影响，就必须解决规模化问题，这必须通过全球化来实现。如何实现全球化？是自己一点点地把中国文化向境外渗透，还是通过这种跟大企业的融合先把规模做上去，再让自己从管理上实现全球化？第二条道路可能更好。

蛋白是个容易全球化的生意，因为中美两国恰好是吃肉最多的国家，以此为基础进行全球化在逻辑上是对的。为什么？农业最大的特点是波动性和不可预测性，没有人敢预测农产品价格，甚至连美国都很难做到。如果看全球化的波动，往往是从季节因素考虑，比如，中国的冬天，恰恰是澳大利亚的夏天，如果从供需角度考虑，实际上越全球化越容易平衡。农产品的国际化对上下游企业都有好处。对企业而言，当规模大了之后，仅仅靠自身想要维持稳定性确实有点难，全球化可以实现供需互补。农业资源有的地方多，有的地方少，市场的需求也有差异，但这种全球化的最佳路径不是贸易，而是通过生产性企业实现全球化。

农业也不能明天需要肉了明天再去养猪，必须有一个很长期的规划。但农业不像钢铁产业，可以买矿做储备需要时候再开采，因为猪是不能存放的，越存放越贵，杀了以后也不能存着，必须马上去处理，它的特点决定了企业只有掌握全产业链、对市场有理解、对上下游把握得好，才更容易进行全球化的协调。为什么通过贸易很难实现稳定？如果通过跨境贸易，需要和贸易公司去谈、去协调，订货后对方必须发货，没有回旋余地，因为对方不敢承担成本。而双汇收购 SFD 之后，就相当于在全球有三个仓库，一个在欧洲，一个在美国，一个在中国，协调库存就会容易得多。总而言之，国际化可以帮助企业对冲所谓的周期性不确定性，也可以协调不同市场的品类需求。

SFD 产业链长，上游养殖量大（他们养了一千多万头猪，屠宰能力三千万头），对市场的反应没有那么迅速，容易发生波动。相反，双汇因为没有上游，容易波动。但两者合并后就会发现一个很有意思的事情，美国的猪肉相对很便宜的，它的成本是中国的一半，当中国价格发生波动时，就可以进行跨境调节。SFD 的上游就像双汇的蓄水池一样。从逻辑上，这样匹配是合适的，如果这个养殖场在中国就不同了，因为中国土地成本导致猪肉成本高，但是养殖在美国刚好，合并后存在波动性的上游变成了好东西。

人才与资本，是万隆最关心的两件事情。

他在双汇天天想的是人才、梯队，所谓的讲人才，并不是说企业靠人，他真正思考的是如何让双汇不靠一个人、两个人，而是靠一个体系产生人才。比如他强调数据文化，双汇一步步发展，发展成所有事情都用数据说话。但系统毕竟是要靠人建的，但人建系统的时候又是要消灭自己。

万隆思考资本，其实出发点仍然是企业发展。双汇从漯河的一家国企到世界 500 强的过程中，是从何时开始真正加速的？是 2006 年改制之后，他意识到资本在企业发展会起到重要作用。他在讲资本时，主要思考的是如何构建一个好的资本结构，让业务发展得更快。他认为，资本的属性是很有意思的，不同的资本对待人是不一样的，不光是对人，而且还有对未来的思考，也会不一样。

比如企业为了发展，需要给管理层激励，这是管理者很容易思考的问题。如何激励？最常规的想法是给期权，但这批给了5%的期权，干了5年目的也达到了，下一批怎么办？期权不能持续地给，但新来的看前面的人什么都不干还享受这么多红利，自然会不舒服。在企业里谁会真正思考企业的未来？只有股东层面才能思考，因为别人思考也没用。焦震跟万隆聊得最多的是这方面的事情。

而且，什么样的股东才会这样思考，一定是会长期投资的股东，如果某个股东在这个企业只计划干两年，是绝对不会思考这个问题的。资本市场是看长远的，是看未来的。焦震认为万隆之所以信任他，是因为他始终能替他着想，甚至万隆还没有想到的事情他都替他想了。鼎晖投资做的事情往往是站在他人的角度想问题，想得更远、想得更宽。在投资双汇国际一事上，从头到尾鼎晖投资的股份从来没降，反而一直在增加，4次增加，越来越加码，按照一般的投资逻辑应该减，该退的话要早点走。鼎晖投资为什么只进不出，其实他们是为了更好的出。就像上大学不要花太多时间研究找工作的技巧，如果只研究学习，学习好了别人自然来找你，这两件事是一个逻辑。

双汇从小小的漯河镇肉联厂成长为全球500强肉食企业，又成功实现了具有全球影响力的跨境并购，万隆表示是鼎晖投资开阔了他国际化的视野。鼎晖投资正式接触双汇是在2006年的年初，在双汇之前鼎晖曾经投资过雨润，并且帮助雨润在2005年9月完成IPO，焦震对祝义才说了一句话："我相信你杀猪能杀成世界500强。"

当时中国有6亿头猪，直到今天如果从猪的头数来计算，双汇也只占有几个点，仅仅几个点就已经做到了500亿元的销售收入，如果能占到10%左右会是多少？这个逻辑是对的，就是看你有没有耐心，有没有集中力量去做这件事。收购 SFD 的事仅仅 120 天，但为这 120 天鼎晖投资足足准备了 3 年。

双汇的这起收购案的成功并不是偶然碰上，而是由系统化的思考与系统化的执行来支撑的。双汇国际化真正加速是在 2011 年整体上市以后。重组之后，万隆曾问过焦震退休年龄的事情。只有股东才能想这件事情，管理层大部分时候有短期业绩压力，但国际化是公司长治久安的事情，站在股东的角度更容易思考这类问题。

从交易结构来看，双汇承诺对 SFD 不裁员，也不减薪，在美国还包括动物福利的成本，给人造成成本较高的印象。但是，焦震认为价格高并不一定贵，贵和便宜一直是相对的。当年鼎晖投资投蒙牛的时候也有人问过他，蒙牛的利润是百分之三四，为什么做这件事？焦震说："你没看看这个百分之三四是怎么来的，它是经过充分的竞争得出来的，大家这时候还能挣钱，就说明当它的规模扩大后，利润率只可能上升，不可能下降，因为充分竞争都消化了，这种大的企业该花的成本都花了。同样，在美国，动物福利这么高，所有东西做得这么完美，各种成本全都释放了，企业还活得很好，这就是拉里·波普说的一句话——未来只能更好。所以，在境外收购企业，不仅仅要看它的数字，还要看数字的质量，如果一家企业做的已经很完美了，这个数字还不错就说明质量很高。如果这也省那也省、缺胳膊少腿看似省了很多的钱，但其实质量是不高的，这是国际收购时重要的考虑因素。SFD 做到这个规模，也是因为这些年做了很多的收购兼并，之前收购兼并中蕴含的效率和所谓协同效应还没有完全发挥出来，这是外界看不到的。"

焦震表示，未来偿债的问题是综合的，肯定不会把这么大的压力压到双汇发展，肯定还会有下一步。目前双汇国际的架构还会去演化，这件事就像下棋一样，有第一步棋，肯定会有第二步棋，绝对不会一步走完，会交叉着往下推进。（伏昕　文）

"不差钱"的顺丰：

融资背后另有故事

无论是现状还是未来的预期，顺丰都显示出强劲的偿债能力，资金实力不可小觑。尤其是顺丰在2012年一举偿还28.48亿元债务，更是对其资金运作能力的最好注脚。加之顺丰强悍的经营风格，未来经营业绩可期，因此很难用解决未来发展资金问题作为此次融资的主要原因，顺丰融资的背后应另有故事。

2013年9月，王卫，这位被神秘光环笼罩、一向低调的顺丰速运（集团）有限公司（以下简称"顺丰"）掌门人，于公司即将成立20周年之际做出了注定在其发展史上具备里程碑意义的决定。顺丰接受苏州元禾控股旗下的元禾顺风股权投资企业（以下简称"元禾顺风"）、中信资本旗下的嘉强顺风（深圳）股权投资合伙企业（以下简称"嘉强顺风"），招商局集团旗下的深圳市招广投资有限公司（以下简称"招广投资"）、古玉资本管理有限公司（以下简称"古玉资本"）旗下的苏州古玉秋创股权投资合伙企业（简称"古玉秋创"）组成的投资团队入股。

这是民营快递巨头顺丰20年来首次融资。四家国资背景的投资机构合计投入数十亿元，这在2013年风生水起的快递行业显得尤为引人注目。与市场传闻不同的是，顺丰此次融资并不是一次到位，很可能采取的是分步走的方式，而四家机构最终的入股比例可能锁定在24.5%。

一向以"不差钱"闻名、多次拒绝投资机构橄榄枝的顺丰,为何会在此时一举引入四家投资者,而且出让近25%的股份。作为顺丰"战略大脑"的王卫究竟是出于什么考虑才做出这一决策?

根据发展规划,顺丰未来在巩固并发展其主营快递业务的基础上,还将在航空货运、物流仓储、电子商务、金融支付等领域积极拓展,通过"三流合一"的整合服务实现转型升级。为实施这一规划,未来3年顺丰将投入75亿元。

75亿元的计划投资额与市场传闻80亿元的融资额相差不大,但作为一家营业收入已达210.18亿元的公司,会每年缺少20～30亿元资金用于项目拓展?从顺丰2010—2013年模拟的合并报表来看,其每年投入20～30亿元资金并不是很大的问题。

一般而言,企业依靠内部积累投资项目的资金来源主要是利润和折旧摊销。从顺丰2010—2013年的经营情况来看,其每年可用于投资的资金呈现不断上升的趋势,2012年年底时达到19.69亿元。考虑到顺丰以后3年的投资重点是工程机重型设备,当投资完成后,其形成的折旧又可作为投资资金的补充。

从顺丰的现金流进行分析,在其厚实的快递业务支持下,其年末现金及现金等价物余额近3年一直在20亿元左右,2010年则一度接近30亿元。并且2010—2012年,顺丰偿还了大量的贷款。

无论是现状还是未来的预期,顺丰都显示出强劲的偿债能力,资金实力不可小觑。尤其是顺丰在2012年一举偿还28.48亿元债务,更是对其资金运作能力的最好注脚。加之顺丰强悍的经营风格,未来经营业绩可期,因此很难用解决未来发展资金问题作为此次融资的主要原因,顺丰融资的背后应另有故事。

英雄青年的"野蛮"生长

1993年,当时年仅22岁的王卫就已投身快递行业。当年,王卫在广东顺德注册了一家快递公司,同时又在香港租了几十平方米的店面,专替香港企业运送信件到珠三角。公司甫一成立,王卫便通过"低价抢滩"的策略快速吸引大批客户,打开了局面。到1997年,王卫几乎垄断了珠三角地区所有的通港快件业务。当时一度盛传,行驶在通港公路上的快件货运车有70%属于王卫公司。王卫野蛮生长的打法初尝胜果。

1997年,香港回归,顺丰又抓住机遇,发挥网点直营模式的优势,以高价格、高速度、高品质的差异化战略迅速占领中高端市场。此时,顺丰走出华南,走向全国,迎来了高速成长期,并于2002年将总部设在深圳。这段时间可谓顺丰的成长期。

此后的5年,顺丰的发展进入跃进期。为了给客户提供更为快捷的服务,2003年,顺丰租用全货机。随着业务的发展,2006年,顺丰开始筹建航空公司,并实施了组织变革,在全面提升总部管理能力的同时推行大区管理模式,进一步规范了网络,提升了服务水平。

而从2008年开始至今,顺丰又在谋求转型——历经多年努力,顺丰从经营实体化、人才精英化,到厘定企业核心价值观,再到探索创建独具特色的五元素管理理论体系。

顺丰自有货运航空公司已于2009年正式投入运营,而正在逐步开拓的国际市场,也让顺丰直面来自国际市场的竞争。

所谓时势造英雄,王卫在完成顺丰业务整合后,便赶上了中国快递行业的飞速发展期,特别是近几年电子商务的快速发展,为快递行业带来新的业务增长点。国家邮政局统计数据显示,2005年至今,我国快递行业保持着较快的增长速度。2012年全国规模以上快递服务企业业务量同比增长55%；快递业务收入完成1055.3亿元，同比增长39%。2013年上半年，业务量累计完成38.4亿件，业务收入累计完成629.8亿元。顺丰在王卫的带领下，也走上了快速发展的康庄大道。

截至2012年，顺丰的经营规模仅次于国有的中邮速递，远超"三通一达"（申通、圆通、中通和韵达）的业务水平，市场占有率达到20%，在我国快递行业的龙头地位得以确立，一个庞大的国际化顺丰商业王国呼之欲出。

王卫在2005年创建顺丰集团后，其野蛮生长的风格依旧没有太大的变化，即使顺丰的业务和规模早已不可同日而语，即使顺丰所处的时代背景早已不同。

顺丰经营规模大，涉及业务种类多，但这些业务大都被人为地分割在不同的主体下，即使是快递业务，也被分散。比如顺丰集团主要负责国内快递业务，顺丰海外主要负责海外快递业务，而与快递业务紧密相关的呼叫中心和后台信息系统又被安排在泰海投资旗下等。这种人为的分割固然可以让外人很难知晓顺丰的整体面貌，但由于其缺乏一个统一的战略规划平台和投资控制平台，也导致出现业务架构非常不清晰的问题，野蛮生长的痕迹很深。更为严重的是，顺丰各业务之间如何协调，如何配合，业务的发展如何协同恐怕只有最终控制人王卫一人知晓，而这无疑将会放大顺丰的经营风险。

从顺丰的股权结构来看，王卫持有顺丰集团99%股份，泰海投资也在其绝对控制之下，而顺丰的海外业务则全部被王卫控制，这或许与顺丰独特的发展历史和王卫的个人性格特点有关。王卫对快递行业的理解，乃至对整个中国当下商业环境的理解，无疑是在一流商业领袖之列。但如果一家企业太过依靠某一个人，这家企业究竟能走多远？深深打着个人烙印的顺丰，以后又将会怎样？或许顺丰旗下首个电商平台顺丰优选上线5个月后随即换帅，创下国内电商圈最快换帅纪录的故事会给大众一些启发。

或许正因如此，有着强烈危机意识和敏锐战略头脑，缺乏足够安全感的王卫才决定启动顺丰的引资，重组顺丰内部架构，以便在这个"电商做快递，快递做电商"的关键时刻占得先机。但仔细分析，顺丰此次引资的目的还远不止于此。

来头不小的投资伙伴

从顺丰此次引入的四家投资机构来看，它们有一个共同的特点，都与国资系统有着深厚的渊源。元禾顺风、嘉强顺风、招广投资自然不必详说，这三家企业都背靠实力强劲的国资集团，而古玉秋创所依靠的古玉资本也来头不小。

据古玉资本公司网站所披露的信息显示，古玉资本成立于2011年初，是一家公司制股权投资机构；逐步完成了以新加坡、中国香港、北京、苏州、成都为中心的投资布局，陆续投资了环保、移动互联网、通信技术、文化等多个产业板块中的领先企业；所投公司包括和顺环保、格林雷斯、汉科环境、成都基金、都市联盟、蜗牛网、顺为基金、盛科网络、旭创科技和拉卡拉等公司。

从四家投资者的背景来看，王卫此次引资让渡24.5%股权比例，颇有"混血"的意味，将顺丰这家纯粹的民营企业变为国资具有较大影响力的股权多元化企业。王卫此举也许是出于适应大环境变化而采取的顺势而为的策略。

从顺丰发展历史来看，王卫通过变更股权来适应环境变化早已有之。2010年9月6日，顺丰完成了一次股权变更。在此之前，顺丰的唯一股东是顺丰速运中国（由"顺丰速运香港"更名而来），顺丰因此是一家外商投资企业。完成股权变更后，顺丰就由一家外商投资企业变成纯内资企业。

此后，一向低调、不接受媒体采访的王卫在2011年罕见接受了三家党报的采访，其中包括《人民日报》。在接受《人民日报》采访时，王卫多次提及"政府""政策"："中国民营快递能走多快、走多远，和政府的决心不无关系""我们并不是说非要政府给多少补贴，一些小问题企业自己会想办法解决。关键是国家大的政策环境要支持民营快递企业发展""我相信，只要国家大的政策环境不变，中国民营快递企业5年之内一定会有一些亮点！"

从顺丰的发展历史及王卫接受采访的只言片语中，大众可能会理解此次顺丰引资背后的真正原因。也许王卫重点关注的并不是价格，而是股比及投资方背景。

2013年9月12日，四家投资机构入股顺丰一事完成工商变更，王卫任新顺丰的董事长，来自古玉资本的林哲莹任副董事长，于国强任总经理，元禾顺风的林向红等投资机构派出人员任董事，王卫的引资梦想得以实现。但对四家投资机构而言，面对顺丰错综复杂的股权架构体系，要实现其2018年上市的梦想注定还有一个漫长的过程，首要任务是对其股权及业务架构进行"外科手术式"的调整和整合。

新顺丰新命题

网上流传着一份王卫于2012年9月6日在顺丰内部的讲话稿。在这份题为《关于顺丰目前面临主要经营问题的几点意见》的材料中，王卫表达了公司经营过程中面临的两大问题，一是收入增长放缓，且低于行业平均水平，在中国内地市场占有率下降；二是盈利能力下降，公司的成本增速高于收入增速。之所以会造成这种现象，王卫指出了几个原因：意识保守僵化，缺乏活力；管理层缺乏使命感，不求有功，但求无过；没有建立起以市场为导向、以客户为中心的工作体系以及比国有企业还国有企业的绩效考核机制等。

从顺丰模拟的合并财务报表所反应的数据来看，也印证了上述说法。2010—2012年，顺丰的毛利率、净利率下降幅度较大，而同期人工、运力、材料、房租等主要成本费用占收入的比重在逐步上升。

种种迹象表明，顺丰集团在发展壮大后，对市场的反应速度在放慢，敏感性在变差，这似乎是任何一家公司发展过程中的宿命，王卫也难以逃脱这个魔咒。在劳动力成本上升趋势不变的情况下，作为劳动力密集行业，其成本控制难度将会更大。并且随着顺丰涉足电商、进入社区零售等陌生领域，未来投资向重型资产倾斜，如何尽快培养出一个高效的团队，重塑顺丰文化，适应并超越快递行业的发展，也许将成为王卫的终极难题。

整合思路猜想

投资人入股之后的业务及股权整合，将是顺丰接下来资本运作的重心。按照一般思路，顺丰集团的整合核心应是形成一个控股平台，理顺管理流程，增强业务协同。在顺丰体系调整中，四家投资机构选取的控股平台是泰海投资。选择泰海投资的原因十分简单：泰海投资控制了快递企业的灵魂业务——呼叫中心、信息系统以及未来顺丰集团发展电商所需的第三方支付业务。

在选取控股平台后，四家投资机构对顺丰集团的调整可能分成五步进行，投资机构的入股资金也依此分步到位，与此同时，王卫也随之将其业务逐步注入控股平台。在这个过程中，为规避国资出资所履行的评估手续，双方采取的对策可能是一次商定入股成本和股比，后续分批同比例增资。

第一步，调整股权关系。

要将泰海投资打造成为新顺丰的控股平台，首要的任务是解决好当前泰海投资与顺丰的股权关系，尤其是王卫与两家公司的股权关系。王卫既持有顺丰 99% 股权，也持有泰海投资 99% 股权，而泰海投资还持有顺丰 1% 股权，股权架构十分混乱。

为解决这一混乱局面，四家投资机构采取的策略是将泰海投资变更为顺丰的全资子公司，泰海投资现有股东的股权置换为顺丰的股权。

在这个过程中，关键的问题是将于国强持有的泰海投资 1% 的股权变更为顺丰的股权。于国强持有泰海投资 1% 的股权，泰海投资持有顺丰 1% 的股权，这意味着于国强实际上享有顺丰 0.01% 的权益，剩余的 99.99% 的权益由王卫持有。

四家投资机构采取调整的具体方式如下。

首先，2013 年 5 月 9 日，王卫分别受让于国强所持泰海投资 0.99% 的股权、受让泰海投资所持顺丰 0.99% 的股权。经过调整，股权架构不会发生变化，只是于国强持有泰海投资、泰海投资持有顺丰的股权比例都变为 0.01%。

其次，2013年6月13日，泰海投资将其所持顺丰剩余的0.01%的股权转让给于国强，形成王卫分别持有顺丰、泰海投资99.99%股权，于国强分别持有顺丰、泰海投资0.01%股权的架构。

最后，2013年7月18日，顺丰受让王卫、于国强所持泰海投资的全部股权，泰海投资变成顺丰集团的全资子公司。泰海投资也在随后的8月22日将名称变更为顺丰控股（集团）有限公司（以下简称"顺丰控股"）。

这种四次转让、三步到位的股权调整方式其实比较烦琐，一种比较简单的方式是王卫先受让泰海集团（顺丰控股）持有的顺丰1%的股权（解决顺丰控股和顺丰在股权调整完成后形成的交叉持股问题），然后王卫、于国强以其所持顺丰控股股权对顺丰增资，股权比例确定为99.99%和0.01%，一次转让，两步到位。如果要严格履行重组程序，比如所得税缴纳等，这两个方案基本一致，但后一方案可以节省大量的工作内容和时间。尽管股权出资的方案可能会面临《中华人民共和国公司法》提出的30%现金配比要求，但在实际操作中是可以通过与工商管理部门协商沟通加以解决的。

第二步，投资机构入股顺丰控股。

在完成顺丰控股这一平台的搭建后，四家投资机构开始登场，其中元禾顺风、嘉强顺风、招广投资均出资6亿元，均占顺丰控股7.658%的股权，古玉秋创出资1.2亿元，占顺丰控股1.532%的股权。四家投资机构合计出资19.2亿元，占顺丰控股24.506%的股权，顺丰控股剩余75.494%的股权由顺丰持有。

从表面上看，此次入股顺丰控股的投资机构有四家，实际的情况也许会更多。根据公开信息，三家有限合伙企业中，元禾顺风有限合伙人的构成就极具代表性。

在元禾顺风这家有限合伙企业中，其普通合伙人由元禾控股和其管理团队共同设立的元禾重元担任，其有限合伙人则包括了元禾控股、博裕资本、国开金融、中国人寿集团旗下的国寿投资控股有限公司和中国太平洋保险集团旗下的太平洋资产管理有限公司。同时根据投资偏好的不同，元禾控股将各有限合伙人划分成了特殊有限合伙人、优先有限合伙人、普通有限合伙人以及劣后有限合伙人，并明确了相应的投资收益标准及权利义务。

第三步，重组国内快递业务。

如果说投资入股只是这场戏的开始，那么顺丰内部的业务整合就是这场引资大戏的高潮和重点。顺丰现有业务缺乏有效的协同和配合，这种野蛮生长的方式必不会被投资机构所采纳，也不利于后续的上市，因此，非常有必要在顺丰控股这一平台下对顺丰的业务进行有效整合，首先登台亮相的是国内业务整合。

顺丰在境内的业务主要由两部分组成，快递业务和商业业务。快递业务由各快递营业部、顺丰航空及相应的后台支持系统组成，商业主要由传统商业和未来重点发展的电商组成。因此，国内的业务整合有可能围绕这两个核心进行。

一个可能性较大的整合方案是：组建顺丰快递，整合现有顺丰旗下的快递营业部和后台支持系统；以顺丰商业为平台整合电商及第三方支付公司；由于行业的特殊性，继续保留顺丰航空和顺丰物业。由此，顺丰控股将形成顺丰快递、顺丰商业、顺丰航空、顺丰物业四大境内业务板块，而集团相关资产业务进入顺丰控股的方式则可能会采取集团以资产（股权）增资，四家投资者以现金增资的方式跟进。同时，为避免评估带来的重复性工作，增资后的股比会依旧保持不变。

第四步，重组境外快递业务。

相较顺丰境内业务整合而言，顺丰境外的业务整合将要麻烦很多，主要存在三方面的制约因素。

一是除顺丰企业（BVI）99%的股权被王卫控制之外，顺丰其他海外业务单位的股权皆为王卫的夫人控制，增加了整合的麻烦程度。

二是境外企业股权对境内企业增资的案例在我国缺乏先例和相应的操作规程。

根据《关于外国投资者并购境内企业的规定》，境外公司的股东可以其持有的境外公司股权，或者境外公司以其增发的股份，作为支付手段，购买境内公司股东的股权或者境内公司增发的股份。但该规定对境外公司要求比较严格，比如境外公司应合法设立并且其注册地具有完善的公司法律制度，且公司及其管理层最近3年未受到监管机构的处罚；同时该境外公司应为上市公司（特殊目的公司除外），其上市所在地应具有完善的证券交易制度。即使有规定，但在实际操作中，笔者印象中也没有通过审批的案例。此外，现行的《股权出资登记管理办法》也仅限于在中国境内设立的有限责任公司或者股份有限公司的股权，且股权（股份）的投向也限于中国境内其他有限责任公司或者股份有限公司。

三是顺丰业务主体分散。顺丰在海外有顺丰海外（HK）、顺丰企业（BVI）和翠玉控股（BVI）三个运营平台，业务分散程度较境内更甚。而且不同国家或地区对通信服务（按WTO现代服务业分类，快递服务属于通信服务）的准入资格和开放状况不同，势必给后续的整合带来影响。比如在此次整合中，顺丰台湾就被剔除在整合范围之外，并为之设立巧顺（HK）作为资产承接平台。

基于上述因素，顺丰控股整合顺丰的海外业务极有可能采取的方式是现金收购，即利用注册资金到位的时间差（《中华人民共和国公司法》规定，有限责任公司的注册资本由股东自公司成立之日起两年内缴足），四家投资机构先期对顺丰控股增资，以收购王卫及其夫人控制的海外资产，而后王卫再以这笔资金通过顺丰间接注入顺丰控股，顺丰控股再行收购，如此循环直至收购完成。当然，如果投资人对王卫有着足够的信任，可以先借款给王卫，双方同比例对顺丰控股增资后收购顺丰的海外业务，由此将顺丰的海外业务整合至顺丰控股旗下，顺丰控股的业务架构得以完成。

如果上述猜想得以成立，那么还需要解决两个问题。

一是于国强在顺丰集团的持股比例会不会发生变化。如果于国强在顺丰控股整合顺丰海外业务时不跟进王卫的增资行为，其在顺丰的股比势必会被摊薄。在顺丰控股上市可期的情况下，放弃这部分收益估计很难。

二是时间因素。顺丰控股收购顺丰海外业务的行为有点类似拆除红筹架构的意思，属关联人之间的并购。尽管如此，其本质上仍属于境外投资，且金额预计会远超1亿美元，因此相应的审批程序会上升到国家有关部委，如商务部。这会对其整合完成时间造成影响，并进而影响到顺丰控股以后的上市时间。

更为关键的是，顺丰的业务整合，无论是境内还是境外，都会牵扯到大量的股权转让行为，会触发所得税缴纳的问题。比如境内业务整合采取股权出资方式，根据其现有持股情况，可能会适用"59号文"（2009年4月30日财政部和国家税务总局联合出台的《关于企业重组业务企业所得税处理若干问题的通知》）的特殊税务处理，延迟缴纳股权重组所得；境外股权整合若采取现金交易方式的话，会需按一般性税务处理的方式进行，在重组完成时就要缴纳所得，尤其是对王卫本人和顺丰企业（BVI）而言更是如此。因此，如何降低业务重组的税赋，也是整合过程中必须要考虑的问题。

第五步，上市退出。

开弓没有回头箭。虽然整合的困难很多，但顺丰控股上市实现的收益会更诱人。

在上市地的选择上，若现行政策不发生重大变化，顺丰控股有很大可能会在 A 股上市，因为这是保证顺丰控股内资企业血统纯正性的不二选择。

由于在 A 股上市需要 3 年业绩期以及考虑 IPO 审批等待时间，顺丰控股上市的时间应在 2018 年前后。在这个过程中，顺丰控股的中心工作就是通过增量资金的投入进一步增强顺丰控股的市场控制力，进一步理顺顺丰控股内部管理流程，增强其盈利能力，静候上市时间窗口的到来。

四家投资机构通过分步操作的方式，将顺丰现有业务几乎全部整合到顺丰控股旗下，并持有顺丰控股约 24.5% 股权，第一期出资达到 19.2 亿元。据市场传闻，四家投资机构出资约为 80 亿元。如果属实，顺丰的投后估值约为 326.5 亿元，投前估值为 246.5 亿元。根据顺丰模拟的财务报表，其市盈率在 20 倍左右，与 UPS、FedEX 近期的市盈率水平大致相当。由此可见投资人对顺丰寄予了深厚的期望。但对王卫而言，此次引资虽然使其获得了部分安全感，但顺丰的终极难题仍摆在其面前。（符胜斌　文）

/ 附 文 / **张懿宸谈入股顺丰内情**

与招商局集团等一起斥数十亿元入股顺丰一事，将低调的中信资本及其董事长张懿宸牵到众人视线当中。巧合的是，顺丰的创始人兼董事长王卫似乎更低调，创业20年一直拒绝别人入股，更鲜见接受媒体采访。"像他（王卫）做企业，坚持这么多年，就是不让别人进来，这个人有点意思的。"张懿宸在接受记者采访时如此评价。

记者：在你看来，王卫个性如何？

张懿宸：王卫是个低调的人。很多低调的人，是性格上比较内向，王卫不是，他是个可以非常外向的人，他这么做都是自己的选择，且一旦选择了，他就会一直坚持下去。就像他做企业，坚持这么多年，就是不让别人进来，这个人有点意思的。从这一点来说，我是很敬重、佩服他的。

记者：这笔投资和王卫谈了多久？

张懿宸：我们接触的时间并不长，事实上今年（2014年）才开始谈，大概几个月时间。

记者：这是一次股权转让还是增资扩股？最终入股为何会选择你们三家？是否价高者得？

张懿宸：是增资扩股。事实上大家的报价都超出了他自己的预想。但他没有价高者得。相反，他认为你们既然愿望都这么强烈，这三家我又都很喜欢,那就大家都进来。到最后,他甚至把价钱主动还压回去一部分。这个我以前也很少见过,也完全在意料之外的。

记者:王卫最终选择中信资本,是否看重你们投资了阿里巴巴?
张懿宸:没有。我甚至认为那个可能还会是我们不利的方面,因为(这两家)有潜在竞争关系。我没有刻意强调阿里巴巴的投资,他也没有提及。

记者:王卫选择中信资本的原因可能有哪些?
张懿宸:我们没有主动向他推销什么。如果一定要说,可能首先考虑的还是资源吧,我们有中信集团、中投等股东资源,如他现在做的顺丰优选,相当多的高档食品,和中信旗下的大昌行有合作。
王卫这个人,一方面很低调;另一方面,他对市场上很多动态非常清楚、专业,达成合作基本是不言而喻。

记者:业内一般认为王卫此次增资扩股,是给顺丰上了一个"红色"保险,或者是被"招安",你如何看待这个评价?
张懿宸:我不认同这种评价。首先,在顺丰,王卫是占绝对主导地位的,无论从战略发展方向还是具体运营,他都有绝对控制权,还占公司75%以上股权,这个毫无疑问。第二,我觉得他在选投资机构时,即使是选择有国有背景的,也是偏重于市场化、专业化的(机构)。第三,王卫是一个很有抱负的人。

记者:顺丰获得这笔新资金,未来会投向哪些地方?
张懿宸:针对市场关注的几项,我只能说,第一,不会进行大规模国际扩张，小规模在美国等地方，他（王卫）会做一点布局；第二，不会进行上下游扩张。未来的方向主要还是优化现有的物流布局，提高运营效率。

记者：顺丰现在也在做电子商务，这会否与本身的物流主业相冲突？这次引入资金是否与电商战略有关？

张懿宸：据我所知，顺丰不会把电子商务做主业。不过，为什么要做顺丰优选？因为顺丰优选更多涉及两端，一端是好产品，另一端是冷链。冷链物流是非常特殊的物流模式，资本投入非常大，并且需要一些特殊投入，如温度检测等，而这恰恰是顺丰目前已积累的优势。

冷链物流目前在国内非常短缺，对顺丰而言，竞争不会那么激烈。所以他（王卫）通过这个来测试他目前的组织结构、管理运营以及摸索如何与电子商务对接等。但是真正大规模去做电商，可能性很小。让他再做一个类似于凡客诚品的业务根本没有意义，因为对他来讲，这并不是他的优势。

（郭成林　文）

91无线天价交易：
谁是最大赢家

刘德建承认，卖掉91无线在他的计划之外。2003年，他将游戏行业网站17173卖给搜狐，2007年凭借《魔域》等几款游戏在香港上市，91无线是网龙孵化5年的成果，有人说刘德建善于孵化"现金牛"。对于极少在互联网活动或媒体上露面的他来说，外面的说法都是浮云，账上的现金让他更有底气孵化下一个项目，这是让他最兴奋的事。

2013年夏的一桩天价交易创造了中国互联网的历史：百度以19亿美元收购网龙旗下91无线网络有限公司（以下简称"91无线"）的全部股权。这桩生意的关键谈判就发生在福州市鼓楼区的网龙总部，其创始人刘德建的办公室里。这间办公室里堆满了刘德建搜罗的新玩意儿：几年前就添置的Segway思维车、从美国订制的四台弹珠游戏机、拳击练习器、乐高拼成的大号军舰、两米多高的蝙蝠侠塑像……办公室上面的一层是刘德建的私人电影院，有近20个舒适的座椅。他的家也在这栋楼上。

2013年8月，百度董事长兼CEO李彦宏造访福州，网龙创始人兼董事长刘德建邀请李彦宏在自己的办公室小坐，后者发表了一段慷慨讲话，这也让网龙的女员工们激动不已。

天价交易之后，除应有的公告之外，网龙与91无线照例没做什么回应。但19亿美元这个石破天惊的价格，无法让这件事像互联网行业林林总总的其他新闻那样，被人们一句略过。为什么会是 91 无线？它为何如此值钱？谁卖掉的 91 无线？网龙，这家公司怎么会显得如此陌生？

刘德建很享受这种在背后偷笑的感觉。大多数时间他会待在福州的办公室里，过着"躲进小楼成一统"的生活，面对再尊贵的宾客也不出去应酬，宁可邀请对方在楼下的食堂共进晚餐。

当刘德建忙着把各地淘来的新鲜玩意儿往办公室里堆砌的同时，他的搭档、91 无线 CEO 胡泽民则忙于出差洽谈各种商务合作。胡泽民评价，刘德建骨子里像个大小孩。如今他仍然保持着每周五、六、日在私人电影院看电影、抽空学习绘画（或钢琴、书法）的习惯，他的助理会在时间表中特意为他留出学习时间。

刘德建承认，卖掉 91 无线在他的计划之外。2003 年，他将游戏行业网站 17173 卖给搜狐，2007 年凭借《魔域》等几款游戏在香港上市，91 无线是网龙孵化 5 年的成果，有人说刘德建善于孵化"现金牛"。对于极少在互联网活动或媒体上露面的他来说，外面的说法都是浮云，账上的现金让他更有底气孵化下一个项目，这是让他最兴奋的事。

结缘网游

如此成功的刘德建，你可能很难想到他在美国读书时学的是生物化学，曾希望有朝一日继承母亲的生物化学事业。他在美国一方面与母亲一起做抗癌药研发，对着小白鼠做了几年的动物活体实验，另一方面也参与管理和资本运作。

1994 年，刘德建结识了在美国开发健康食品的胡泽民，画了张"做一个健康管理连锁体系"的大饼,二人开始一起创业。但当刘德建年近30岁的时候,他发现自己更喜欢做和电脑有关的事。母亲杨振华对他说,虽然自己不懂电脑,但是知道做这个行业肯定会碰到困难,不过这时候不要害怕,他碰到的别人也一定碰到了。她鼓励儿子:"如果你能够跨过这个坎儿,就会成为你的竞争力。"

1999年,刘德建回国创业。他对人工智能极感兴趣,相信电脑会变成一个智能的大脑——理解人类的语义,与人类自由交互。尽管想到的一切让刘德建很兴奋,但他仍然要从头做起,为了生存,网龙最初不得不通过为他人建网站赚钱。

2001年,网络游戏是最热门的新兴产业。刘德建发现网游赚钱很快。他最初的印象来自于《石器时代》,在当年春节服务器爆满,"花钱竟然还要排队"。在那个年代,有上网条件的多是学历比较高、家庭背景还不错的年轻人,与网龙员工的背景比较吻合,对游戏的品位也大体吻合。

"做什么事我都喜欢找蓝海。"刘德建说,"不一定是第一个,起码得是第一批的吧。我们这群人在智力上不差,容易想出好的东西,在新领域市场上的竞争压力比较小,更多的是智力、大脑、速度的竞争。"

刘德建意识到游戏是由机器陪着玩家玩,也属于一种人机交互,他认为游戏是网龙"命中注定"要尝试的事。

网龙的第一款产品是客户端游戏《幻灵游侠》。一个月后,点卡销售商"智冠"来找刘德建,商谈为网龙包销点卡,并一口气支付了300万元人民币。在此之前,刘德建已经不得不向母亲借钱来给员工发工资,第一款产品让他迅速回本。由于要参与设计文件配置和QA(游戏测试和质量保证)环节,刘德建养成了昼伏夜出的习惯,每天清晨在玩家最少的时候重启服务器,上线后和大家聊几句,然后去睡觉。

2006年，网龙上线了免费游戏《魔域》。凭借它，网龙于2007年顺利在香港上市，同年上市的还有完美时空、金山与巨人几家网游公司。

2011年，正在孵化91助手等产品的网龙还在内部轰轰烈烈地鼓励大家自组团队做手机游戏，立项的有两百多款手游。

归根结底，网龙的基因是游戏公司。游戏就是刘德建快乐的源泉。"游戏是代入式的体验，像一个梦想，但比梦更好。它多姿多彩，你可以感受到正常生活中感受不到的成就感、归属感，你可以一掷千金、做一番事业，这些都是人类的重要需求。"刘德建说，"我喜欢看电影，但是比起电影和音乐，游戏有更好的人际交互，电影两三个小时就结束，游戏你可以玩一辈子。"

刘德建与网龙副总裁汪松在当年共同担当主策划的《魔域》至今仍是网龙的主要盈利点。"从生意角度，端游也许没那么性感了，但是我们没亏钱，现在是《魔域》有史以来最好的时候，每个月六千多万元的收入，活得好好的。"

根据刘德建的观察，一批像他一样的老一代游戏玩家正在向古老的端游袭来。这些人的小孩长大了，收入增加了，每天下班后没太多事可做。"你可以把端游理解为某种主题的QQ，特别是像梦幻西游这种社区型的，很多人上来就是随便做点事儿然后聊天。恐怕还能再玩至少5～10年，因为他们的朋友在上面，在上面能找到年轻的痕迹。快乐很简单，不用花太多的钱和时间，把电脑开起来就好了。"

手游对刘德建来说，是一种非常神奇的存在。他曾感叹，看电影和玩端游有时候会冲突，年轻人在周末去电影院就不会打游戏了，但手游却可以在等电影的时候见缝插针。这让他预感到被颠覆。

网龙启动了两百多款手游，在开会时刘德建问大家：微信算不算游戏？它不具备游戏的任何明显特征，但它和游戏很像，都在消磨你的时间。看公众号不浪费时间吗？你真的那么关心朋友们的吃喝拉撒吗？因为你感到无聊。如果微信再往前走一些，加入更加社区化的东西，它就是游戏。

刘德建想表达的是，并不是只有具备升级、打怪的产品才是游戏，游戏可以贯穿到现实生活。"我们喜欢挖掘和理解游戏中间成功的理由。我们也一定会把对游戏的领悟用在其他产品上。"

网龙内部开发了一套标准作业程序（SOP），每个职位都有一套固定流程，就像通关一样，可以将工作的步骤拆开，对新手也很有指导意义。"人类天生喜欢游戏，因为人的天性就喜欢通关，它让你有成就感。而为什么需要成就感，最终来讲还是安全感。"

"入世"与"出世"

17173是网龙在游戏开发如火如荼之时"顺手"孵化的项目。2003年，杨振华在美国继续做研发，经费上出现问题，刘德建想支持母亲做研发，恰好搜狐有意收购，于是他最终以2050万美元的价格卖掉了17173。所得的一半完成分红，刘德建自己只留下150万美元的现金，剩下全都给了母亲。

将17173卖给搜狐，刘德建尝到了孵化的甜头，网龙迅速从300人一下扩张到1000人，一帮有意开发新产品的同事聚集起来，携自己的新想法就可以向公司申请立项。各种项目纷纷上马，此时，刘德建急切地盼望老友归来帮忙。他于是打电话给在美国杜克大学读MBA的胡泽民，邀请他在圣诞节假期回国看看。

被刘德建"忽悠"来任网龙的副总、掌管商务的胡泽民来到福州，看到网龙一派"热火朝天"的景象，有过一刹那的失望，因为对于很多新项目以及项目负责人他都不太看好，但他清楚，以刘德建的个性，一旦发现行业不错，就要扑上去大张旗鼓做一番。

2007年，iPhone1代出现，热衷于各种新产品的刘德建就把它买来研究了一番。每次开会讨论到产品，他与CTO陈宏展就对iTunes一通吐槽。很自然地，刘德建让陈宏展"拖几个人过来"，做一款好用的手机管理软件。随后，刘德建的助理找到了iPhone PC Suite的作者熊俊，其软件也被网龙以10万元买下。陈宏展牵头开始组建网龙的无线互联网项目。这是让胡泽民最为认同的项目。胡泽民的观点是：当年他做过一款类似于安吉星的产品，包含了电子地图、出租车调度等功能，他的灵感是将汽车当作移动的智能设备。而手机是天然的移动智能设备，"你只要把它理解成一台小型电脑，就能想到它未来会有多好玩"。

2009年，作为网龙CFO的胡泽民开始接手91事务。这一年无线事业部被分拆出来，它完全克隆了网龙做产品的方式，无数个项目全面开花。Android系统方面的"安卓网"由于能提供本土化ROM，聚集了很多人气，他们又将这些人气导入了应用分发平台"安卓市场"，以至于很多人以为Android的官方称法就是"安卓"。另外，91无线还开发了"熊猫看书""91来电秀""91进程管理"等各种产品。对于这种东一榔头西一棒子、堆砌功能的做法，刘德建引以为傲，他鼓励大家更"放纵"地去开发新功能。"我认为孵化新产品跟人格特质、团队的DNA有关系，我是个什么样的人，跟我一起创业的伙伴就是什么样。"

胡泽民认同这种做法，有人批评91无线产品混乱，"我想这是因为每个人对世界的认知不同,导致产品发展路径不同"。但他认为不能仅限于此,"DJ(刘德建)抓需求点非常准,但我想的是怎么把它们组成一个生态,我更希望把一个东西做得更深,通过它原有的这些资源延伸出去,而不是完全跳开来重新立一个新的东西"。刘德建办公室里有一套象棋,是别人赠送的,胡泽民说:"可惜 DJ 自己不怎么下棋。下棋的道理是,每下一步,你后面得想怎么跟,要有关联性。"

在香港长大、曾连续创业的胡泽民称自己被刘德建"传染"得越来越自由散漫,由于喜欢上海的大都市氛围,他平时多在上海办公。刘德建帮 91 产品团队思考产品需求,胡泽民负责 91 无线的商务推广以及各种规划。胡泽民接手时,91 无线每个月仅有 5 万元收入,他当时的目标是销售收入每月达到 100 万元以上。有投资人曾透露,91 无线曾表示希望接受对其中某一款产品的单独投资,换句话说,91 撒下的每粒种子,都可以接受资本市场的培育。对此胡泽民说:"我们的确想了很多办法,前面一片乌黑的时候,总要派不同的人去探路吧。"

庆幸的是,91 无线推出了开放平台,这相当于游戏行业的"联运",除了收取开发者的推广费用之外,91 无线可以与他们进行游戏、广告的联运分成。91 无线在手游方面的部署尤其可圈可点,它被业内人士称为"玩家质量最高"的移动游戏平台,《佣兵天下》《我叫 MT》等游戏的 91 版本推出非常顺利,乐动卓越 CEO 邢山虎在微博上大赞:"91 无线做得非常好,用 8 个字来形容 91 无线:未雨绸缪、深谋远虑。"

胡泽民在业内被更多人认可,很多开发者到上海会专程拜访他。他与刘德建的配合就像"入世"与"出世"。胡泽民很早就和刘德建开玩笑:"碰到我是你命好。"刘德建也感慨,自己最大的幸运是遇到让产品"入世"的伙伴,"一个美女再漂亮也得吃饭、上洗手间吧。公司做大了,肯定要将自己的短板补上，这就是伙伴的力量"。他评价胡泽民："他看起来很憨厚，其实也很精明的。当然这并不矛盾。"

胡泽民把精力全都放在了91无线上。在他看来，经营91无线这几年给他最大的收获是，对于商业、对于世界、对于自己都明白了很多。胡泽民说："说实话，我有信心把91无线做到10亿美元金的规模，但是作为网龙的子公司，想达到10亿美元金以上的规模，我并没有把握。"这也是胡泽民认为91无线要独立出来的一个原因。打江山与守江山需要的人、资源调配不一样。

胡泽民回忆，这个矛盾点，他与刘德建并没有过正面沟通，但彼此心照不宣。"我觉得我们彼此不需要说，都能知道对方是怎么想的。年纪越大我们就越像，好像在互相洗脑。两个人年轻的时候可能还会互相看不顺眼吵几句，年纪大了，明白的东西更多，发现道理最后是相通的。我可以站在他的角度理解他，他也可以站在我的角度理解我。"

现金的诱惑

将91无线卖给百度打破了刘德建的计划。网龙当年只接受过两次投资就在香港上市。"那时迫不及待地上市，感觉人生不虚此行。就好像一个女孩想结婚，刚好碰到一个帅哥很不错，那就结了吧。"

但91无线的情况不同。2011年，博远无线（91无线前身）成立，立即开始独立融资。2011年，博远无线得到IDG先后A、B两轮投资；2011年，祥峰集团、智基创投和德同资本对博远无线进行了C轮投资；2013年，博远无线得到了卫哲的维新力特以及胡泽民引荐来的李泽楷的投资。2013年春节前后，网龙发布公告称91无线即将在香港上市。

"其实根本不需要这些钱，网龙在银行上有十几亿现金呢。"刘德建很清楚，自己的"出世"为91无线带来了挑战。他解释，"我觉得网龙相对比较保守，那是我的风格，但我希望91无线能够稍微激进一点。我们对品牌推广不擅长，我们也不去参加各种活动，91无线能做好完全是靠产品本身。你看北京媒体报道的都是其他几个品牌，91无线被曝光都是因为数字好、赚的钱多。最后人家只能说，好吧，其实91无线也不错"。

百度找到了91无线，IDG的合伙人林栋梁与百度副总裁、投资业务负责人汤和松曾经专程去福州找到刘德建。在资本的权衡上，刘德建认为自己并不纠结，"19亿美元的价格很公允，我们原来做上市的时候，期待值大概在10～15亿美元。价格这东西就是一个愿打一个愿挨，但是相对来说会在一个合理的范围内，91是有基础的，有用户量、有盈利"。

交易落定时，刘德建还是感到有一丝遗憾。两个月前，91无线还计划独立上市，他为91系产品想好了一个定位：用户在手机上遇到各种问题都可以用微信或电话找91，91通过人工智能先解决其中的多数，反正网龙游戏客服已经有五百多人，刘德建不吝于再加上几百位客服。一纸交易打乱了他的安排。但刘德建从始至终都很欣赏李彦宏的态度。李彦宏曾致电他，邀请他加入董事会，说自己很愿意将一些资源提供给网龙，这是最终打动他的重要原因。胡泽民也提到对李彦宏的印象："我从来没有主动了解过他，但是我听过他的讲话，对他的价值观起码我很接受。"

当然，刘德建说自己并不后悔。"任何事情都是有代价的。我最近在公司里常和大家讲一句话，《重返地球》那部电影里面说，一只老虎冲到面前，你可以选择不怕他（Danger is real, but fear is a choice）。你可以选择不害怕，你也可以选择不后悔。"

"一肚子理论"的聪明人

其实刘德建在2011年又开始了另一个项目,与教育有关。"目前我的抱负来自于另外一条线——教育,对青少年人生观的教育,包括做事情的理念、社会道德、对社会的分析等,这是我的社会责任感。""关于社会责任,我觉得这个(教育项目)比一般的捐款更有意义。我希望通过移动互联网的方式,不仅给小孩带来知识,也把一些做人的价值观、方法论带过来,至少让他们有个机会选择自己的人生。比如,可以变成一个更负责任的人,一个对时间更敏感的人,懂得有三年、五年的计划。"

刘德建在公司里"鼓吹"理想,到处招兵买马。第一个加盟新项目的是《魔域》的主策划云飞,这让刘德建自己都没想到。他担心过这是否会影响《魔域》的业绩,"毕竟《魔域》还是很赚钱的"。而云飞已经是两个孩子的爸爸,正打算对儿童教育专注地研究一下。

在卖掉91无线之前,刘德建想的问题是,什么样的项目是真正适合网龙的。他制定了几条标准:首先是与移动互联网相关,因为"现在这个时间点,不做移动比较傻";其次,要偏重于设计和研发,"我们智商比较高,喜欢创造";再次,网龙对管理1000人左右的大型团队游刃有余,可以开展大项目;最后,网龙"有点小钱","这一点很重要,如果不把有钱当作条件来思考的话,那我就得跟那种不拿工资、在民居里的小团队竞争。但是我们有钱啊,不然钱拿来干什么用?如果这个事情不用花钱,我也不做,因为门槛低"。而"教育"项目就符合这几条标准。卖掉91无线之后,他决定把这件事做得更大,因为现金更多了。

"我深知这些现金对我帮助很大,虽然我现在一分钱都没花,但是它让我调整做事情的心态。网龙曾经是大大小小的事情什么都做,现在小事就不要做了。这是一个很重要的转变。"

失去 91 无线意味着失去了一个手游运营渠道，最近网龙的两百多款手游项目被收缩到 10 款左右，很多供团队"练手"的项目都被砍掉了。刘德建还打算做一次人才优化。

91 无线被作价 19 亿美元出售后，网龙占股 57.41%，这意味着网龙拿到了 10 多亿美元的现金。网龙的公告上显示，其中有 50% 左右作为"特别股息的发放"。坊间有人猜想：网龙团队是否在急于套现。

"他们可以来看看我在银行有多少现金。我为什么要套现？而且套现指的是将我的股票卖掉拿现金回来，网龙公司对 91 无线没有个人股票，全是网龙公司控股的。"刘德建说。在他看来，钱只是一个交换工具，只要你有东西想要，就需要钱，如果你什么都不想，钱就并不重要了。对资本方面的评论他从不去澄清，他认为没有什么好澄清的，"世界上只有少数的人会掌握真理。很多人都是以比较庸俗的方式出现，评论都相对比较刻薄，要么是过度表扬，要么就是过度贬低。我相信这世界最终的结果是信息越来越透明，信息流动速度越来越快。做蓝海的人必须要有这个心态。唯一需要在乎的是，我在意的人是否喜欢我"。（曲琳　文）

/ 附 文 / **19 亿美元交易背后的伯乐**

林栋梁投资的大多是早期公司,他更愿意从长远着眼,网龙就是其中之一。他在创投行业非常低调,关于他的报道,少而又少。2013 年 91 无线 19 亿美元的并购案,让人们纷纷猜测背后的故事。

2003 年年中,林栋梁接到 IDG 资本上海同事转过来的一个项目,他便飞到福州去见这个项目的创始人。此人正是刘德建,要看的项目就是网龙。令人意外的是,两人第一次见面就口头达成了投资意向。"林栋梁对网龙一见倾心,毫不犹豫。"时任网龙 CFO 的胡泽民说。没多久 IDG 资本在北京开年会,虽还没有完成投资,但林栋梁还是请刘德建来参加这次会议。刘德建来到北京,IDG 资本便与其正式签订了 Term Sheet(风险投资协议),向网龙投资 200 万美元。

IDG 资本投资网龙时,刘德建只有 32 岁,林栋梁对他欣赏有加:"他对技术非常了解,虽然他原来的背景不是 IT,但他对新鲜事情非常有热情,也很敏锐,做事情很投入。而当时的网龙在游戏创作方面表现不错,17173 又是那时最好的游戏门户,所以就投资了这个项目。"林栋梁的爽快和果决很快就获得了回报。实际上,IDG 资本在和刘德建的投资交易合同进行的同时,网龙出售 17173 的动作也在同步进行。这边投资完成了,那边出售业务也基本完成,虽然他们卖掉 17173 的价钱比 IDG 资本对网龙的整体估值总额都要高,但刘德建还是遵照约定完成了他的 A 轮融资,IDG 资本的投资与回报几乎是同一时间完成的。这个过程,双方建立了最根本的信任。"刘德建无论做事还是做人,都是非常优秀、非常有诚信的,我喜欢和这样的人合作。"林栋梁这样评价。

在刘德建眼里,林栋梁温和、睿智,看问题一针见血,而且是个很好说话的投资人。

这个颇有意思的插曲也让林栋梁和IDG资本坚定了对网龙和刘德建的持续支持。网龙上市前引进过其他投资人,随着上市这部分资本也相继退出,但是IDG资本没有卖过一股网龙的股票,林栋梁说:"在未来比较长的时间内,我们还会是网龙的股东,会跟他们一直走下去。"

在91无线从网龙独立出来的时候,IDG资本也是91无线最早的投资人。因为林栋梁一直是网龙的董事,少不了近水楼台先得月。"91无线是做无线分发服务最主要的一家,也是做得最早的一家。91无线从网龙独立出来,我们觉得这是一个非常好的投资机会,没有犹豫就做了首轮投资。"林栋梁说。

91无线从网龙独立出来时,林栋梁非常支持。刘德建说:"林(栋梁)觉得网龙在其他方面比较保守,91无线作为独立公司,要更加激进一点,以适应移动互联网的发展速度。林(栋梁)在董事会上也给了很多积极的建议。在公司重大事宜上,他都会给予经过思考的建议,而且事后证明往往是正确的。"

2013年8月,网龙将子公司91无线卖给百度,价格是让业界惊呼的19亿美元。作为网龙和91无线的双料投资人IDG资本,这无疑是他们投资清单上最重要也是最有价值的投资之一。91无线CEO胡泽民说:"在91无线的并购决策上,林栋梁的判断和推动起到了非常重要的作用。"(翟文婷 文)

唯品会专做特卖：
另类电商的商业逻辑

当众多电商仍在亏损中苦苦挣扎时，唯品会为何能够实现盈利？从当初两个温州商人走到一起创业，到商业模式的迷航折返，在唯品会的成长过程中，有哪些不为人知的故事？以红杉中国为代表的投资人进入前后，公司商业模式发生了怎样的变迁？当初流血上市的它，何以实现股价3000%的暴涨，背后又有着怎样的商业逻辑？

唯品会2013年业绩数据显示，其已连续5个季度持续盈利，并刺激其在美股价飙涨，市值两年增30倍，达百亿美元。这一轮上涨也使其成为继腾讯、百度和360后中国第四大互联网上市公司。

从2009年开始酝酿，到2012年集中爆发的服装业库存危机，或许是促成唯品会腾飞的最大结构性因素。

4万亿大规模投资，在2009年前后，短期内催生了很多行业的快速增长。一批企业在乐观之中，扩充产品线、增加规模，其中也包括大批的服装企业。

另有数据显示，国内的女装市场大概拥有10000亿人民币的体量，男装约为5000亿人民币，此外，童装等其他类别亦有5000亿人民币。而库存是服装行业的核心问题：即便在美国，成熟的服装品牌卖完一个季度后，还有20%的存货。并且，一个品牌从设计、采购、生产、流通的时间很长，一般需要12～18个月，漫长的周期意味着库存的持续。

伴随着经济不景气的情况，还没从产能扩大的乐观情绪中走出来的服装企业，发现原本就存在的库存问题被进一步放大。而这正是唯品会的机会。

温商触网

1990年，土生土长的温州人沈亚，从上海铁道学院（现已并入同济大学）拿到他的结业证书。像他的温州亲友们那样，年轻的沈亚投身到经商大潮。他最初的创业项目是做电池的代理业务，一步步进阶直至拿下所有一线电池品牌在浙南地区的代理权。从渠道端尝到甜头后，沈亚逐渐走向上游，自建电池厂，涉足电池的出口业务。

同样来自温州商人家庭的洪晓波，在8岁那年随家人移民法国，读完大学后开始创业。当沈亚接触起外贸生意时，洪晓波也在寻觅通信和贸易领域的商机。

20世纪90年代末期，两位分别住在亚欧大陆东西两端的温州商人，开始了他们的交集：沈亚在广州经营进出口贸易公司，协调国内通信厂商，组织货源；洪晓波则在巴黎郊区的奥贝维埃创办了欧洲太平洋分销公司，负责欧洲的渠道和代理。在互联网消费还未兴起的时代，这对生意搭档就不断往返在从品牌拿货到渠道营销的基本商业路径上。

通信外贸的生意做起来之后，喜欢拥抱新事物的洪晓波和勤学踏实的沈亚不安于现状，把目光瞄向下一处战场。2007年，沈亚拉上从法国"归航"的洪晓波，报名参加长江商学院EMBA项目。在这个中国商人的重要聚点，他们希望得到人脉、开阔眼界，更重要的是，为新的创业项目找到一种合适的商业模式。

进入商学院之初，沈亚和洪晓波只有一个模糊的方向：电子商务。从传统行业出身，沈亚的电商知识储备近于零。这一年，他以"几乎抱着计算机睡觉"的毅力，恶补各类电商知识。

商学院的同学给了沈亚和洪晓波很多启发，一位企业家建议洪晓波多利用国外的资源和信息，尝试国内还没有的商业模式。而另外一些同学帮忙推荐了不少电商案例，其中包括法国 Vente Privee 的奢侈品限时抢购。

Vente Privee 的模式正中洪晓波下怀。在法国生活的洪太太是这家网站的忠实粉丝，她常在早上七点，顾不上吃早餐，准时坐在电脑前抢购奢侈品。太太的行为让洪晓波充满好奇，到底有什么魔力让她如此着迷？洪晓波发现，这家网站的特点就是囊括了各类世界名牌，并且在限定的时间内推出折扣，供用户抢购。

两位创业搭档决定模仿 Vente Privee，从奢侈品闪购开始做电商。三位 EMBA 同学以天使投资的形式支持了他们的想法，五人凑齐约 3000 万人民币创办了唯品会。其中，法派集团 CEO 彭星和赫基国际集团董事会主席、欧时力总裁徐宇均为温州商人，在品牌服饰界颇有名气。

当唯品会在电商圈名不见经传时，这次创业只是被看作温州人抱团做项目的普通例子。用彭星的话说，"温州人创业，朋友一起投钱是再正常不过的事情"。但正是此时，唯品会已从创始股东层面，埋下与服装品牌商打交道的伏笔，与先后创业的凡客诚品和其他互联网出身的电商有着不同的基因。

迷航折返

2008 年 12 月，唯品会在广州信义会馆成立。在很多人的最初印象中，唯品会是一家售卖奢侈品的电商网站。但实际上，这个定位在唯品会创立后仅仅三月，就被沈亚和洪晓波果断放弃。

洪晓波后来承认，当看到圈内朋友纷纷在国外扫货的情况，他有一种"中国奢侈品市场很大"的感觉。他和沈亚亲自飞往欧洲，与品牌商谈判采货。最早登上唯品会的都是这类折扣奢侈品，均价在1000元以上。

但上线当月，唯品会只卖出18单，大部分甚至来自沈亚和洪晓波的朋友。由于采用买断模式，大量从欧洲买来的奢侈品堆积在仓库里。颓势持续到第三个月仍不见好转。他们发现，唯品会过早地定位在了一个尚未被国内消费者接受的领域，即便有购买欲望和能力的人，也不容易信赖被"折扣"过的奢侈品。

沈亚和洪晓波迅速决定，向人们"买得起"的大众时尚品牌调头，面向一二线城市普通消费者，以至更远的具有基本消费能力的人群。奢侈品仅仅被保留为其中一个频道。

采购链从欧洲转回国内，唯品会开始了一段与国内服装品牌商辗转打交道的历程。洪晓波曾回忆，品牌商没听过唯品会的名字，不懂限时抢购的概念，电话、上门，唯品会的初始团队"求爷爷告奶奶的约人家谈"。

为了不让网页开天窗，他们暂时沿用了买断模式，自费购买货品，打折之后放到网站上卖。所幸还有徐宇和彭星两位股东提供的支持，多次用自有服饰品牌，给唯品会解决供货问题。

起步总是艰难，2009年年底，唯品会积累起了300个品牌供应商资源。而这一年，唯品会的纯收入为280万美元。

与唯品会有着多年交情的移动电商公司买卖宝CEO张小玮评价，相比传统电商，唯品会"船小好调头"，在企业很小的时候就进行了业务调整，没有过重的包袱，才能轻装前行。

库存良机

对于寻求库存倾销渠道的服装品牌商来说，唯品会是不错的合作伙伴之一。首先，唯品会的限时特卖营造了商品的稀缺性，刺激了消费者的购买欲望；而折扣价让三四线城市居民能够接触到平时无法通过实体商家购买的品牌；渠道下沉带来的长尾用户支撑了唯品会上的规模消费。

在唯品会的定义中，一线城市为北上广深，四个城市的销售额约占总额的13%，二三线为省级和地级市，销售额约占总额的60%，县级市和乡镇是第四线，销售额约占总额的27%。

到2014年第一季度，随着唯品会品牌知名度的提升以及对一二线城市的号召力增强，唯品会一二线城市用户交易总额占比已经突破半数达51%。并且，在限时特卖模式下，品牌上线时间不会超过五天，不会因过度折扣而影响品牌本身的价值。以华南地区一家知名服装企业为例，一年以前的库存放在类似唯品会这类电商平台销售，用天猫发售网络正价新品，再由银泰网等百货类电商解决掉另一部分过季服装——线上的销售量约占其全部库存的20%。

尽管唯品会在减轻库存压力方面对服装品牌商确有帮助，但双方合作的深度还取决于品牌商自身的库存特色，如果服饰品牌款多量少，库存量分散，则不利于做唯品会闪购形式的倾销，所以唯品会的销售以知名品牌和大众名品为主。此外，配合唯品会的合理佣金比例，确保品牌商的客观利润空间，从而会保障品牌商的合作热情。

2009年唯品会的合作品牌已经超过5000家。通过内部的品牌定级和频道设置，唯品会对这些品牌进行了分层。按销售额计，所有的品牌被分为A+到D的数个层级。大部分低端小品牌通过团购频道消化，主频道特卖会上则集中了三千多个品牌，其中有一千家左右 B+ 以上评级的好品牌。截至 2013 年年底，唯品会的合作品牌数量已达到近万家，其中全网独家合作一千三百多个品牌。

唯品会与大部分品牌合作方的框架合同一年一签，在年初的时候规划好上线的次数。唯品会通常能够卖出 50% 以上的商品，剩下的一部分则退还给商家，这样做有效地降低了唯品会方面承担的风险。但这一策略对中小品牌较为奏效，而耐克、阿迪达斯等强势品牌的商品则无法退货，奢侈品更是如此。

红杉造访

站在 2010 年的时间关口，能够意识到库存问题的投资机构尚且寥寥。直到唯品会上市时，二级市场投资人仍在反复追问：中国到底有没有足够的库存可卖？

"服装是个万亿级的市场，库存即尾货，占 20% 左右，2000 亿元的规模，唯品会才做多少？2013 年唯品会只有 160 亿交易额，其中又只有一半是服装。空间足够，这个我们早两年就想明白了。"在电商投资风靡的季节，红杉资本中国基金（以下简称"红杉中国"）先一步迈过了库存的心理坎，叩响了广州醉观公园旁的唯品会大门。

2010 年年初，时任红杉中国副总裁的刘星受沈南鹏的支持，遍访华南电商。这位专注于科技传媒和消费领域的投资人在 2007 年加盟红杉中国，此前曾任美林集团亚洲投资银行部的副总裁，服务过携程、如家、神州数码等客户，还曾在美国施乐（Xerox）和硅谷的创业型科技公司工作过 7 年。

沈亚从客户服务台的留言簿上得知了刘星造访的消息，"他们（红杉中国）在中国相当有名，所以我给他们回了电话。"

红杉中国给沈亚留下印象，主要源自这家风投机构当年辉煌的投资业绩。那一年，红杉中国投资的高德软件、乾照光电、乡村基、麦考林、利农国际等项目相继登陆美国股市或中国创业板。

在一间两人共用的透明办公室内，刘星见到了沈亚和洪晓波两位温州商人。如今已成为红杉中国第四位合伙人的刘星，回想起当时的情景，仍觉很特别。他的投资生涯中见过无数创业者，而两位创始人以这种默契方式工作的，再无他例。

夯实特卖

A、B轮投资之后，唯品会的运营渐入佳境，摆在沈亚和洪晓波面前的诱惑也在增多。是继续做折扣闪购，还是突入不打折的新品市场做常态销售？毕竟，中国还没有一个真正的线上百货公司，持续正价售卖时尚商品；如果唯品会动手去做，能不能闯出又一片新天地？

在扩张和专注的十字路口，沈亚起了重要的抉择作用。刘星回忆，经过多轮董事会讨论，投资方与创始团队达成共识——做减法，将唯品会定位为"一家专门做特卖的网站"。

一位电商业内人士评价："唯品会的闪购模式，对供应链的打造就一个字——快。"这意味着前端供应链的模型与传统从事产销、代销的电商有着很大区别。

一方面，由于采购中尾货居多，对于入仓时的质检要求非常严格。"消费者在商场买打折尾货时需要做出的判断,唯品会就得用一只质检团队严肃地进行判断,接近于生产方面的质检。"另一方面,为保障客户体验,帮助客户更好地挑选适合自己的商品,唯品会主营非标品服装,退货率约为15%—20%,京东在没有扩张品类时,退货率只有1%,两者相比较可见一斑。为此,唯品会需要一套特殊的流程满足一进一退的物流。

2010年下半年,与红杉中国和DCM(是一家美国顶级风险投资机构)几乎同时来到唯品会的,还有主管仓储物流的副总裁唐倚智。这位曾在华润、当当和第三方物流公司任职的物流仓储业高管,曾经为当当设计了整个仓储物流系统,兼具传统零售和电商的经验。

当沈亚把仓储物流全权交给唐倚智后,唐倚智为唯品会引入了国际领先的曼哈顿物流系统。提升唯品会毛利率的重要手段是降低物流费用率。唯品会的做法是租用仓库,并利用第三方物流进行配送。在业界看来,唯品会改善物流的里程碑之举在于新的仓储体系和配送方式的引入。

2013年年底,唯品会在北京、上海、广州、成都仓库租赁面积约30万平方米,仓库总面积约40万平方米。2014年、2015年,唯品会将加大扩建仓库力度,计划斥资2亿美元,将广州和湖北的自有仓库面积扩建至30万平方米,2015年完成,预计到2016年会达到70万平方米,将是目前的2倍。

按照合同,唯品会的仓库租金每年会有小幅上涨。唯品会CFO杨东皓表示:"当然,从成本上计算,自建仓库肯定更便宜,但首先要拿出几个亿现金建造,其次流动性不强,风险较大。"事实上,相比房地产行业,尤其是商业地产的涨幅,唯品会当前的租金已相当实惠。

此外,唯品会坚持由租用仓库统一发货,而不采用品牌商直接发货,其根本原因在于无法合单。一张客户订单里,经常会有数件商品,而这些商品分属不同地区的品牌商,虽然几个厂商需要先把货发到唯品会的仓库,但卡车运输相对便宜，成千上万件服装摊薄下来，每件只有几毛钱的成本。

在唐倚智主导设计的"干线+落地配"的物流配送模式下，同一地区的订单由大宗物流公司打包配送至目标城市，再选择当地的落地配快递公司做二次配送。干线上的大规模运输带来了巨大的成本节约空间。

而商品采购是闪购的另一道靠时间和数据垒成的护城河。如今唯品会有一支八百余人的买手团队，分作女装、男装、男鞋、箱包等十余个专业组。大部分成员都是从传统渠道或时尚产业挖掘来的资深买手，或是源自于《瑞丽》《昕薇》等美容和时尚媒体对时尚敏感度高的编辑。统领这些买手的是公司高级副总裁洪美娟——这位来自台湾的女高管，仅在自己的房间里，就陈列了数百双鞋子。

杨东皓说："服装潮流是很微妙的东西，有些商家也许砸了很多钱，买回来变成存货，风险太大。但是我们的买手团队凭借丰富的经验和消费者洞察以及数据分析管理，对商品的挑选把握非常到位。"

上市苦乐

2010 年 6 月和 2011 年 4 月，红杉中国、DCM 联合完成了对唯品会的两轮私募投资，总投资额为 6140 万美元，在 IPO 前，红杉中国和 DCM 分别持股 19.3% 和 19.2%。

2011 年 11 月，唯品会曾寻求 C 轮私募，但未果。当时有人猜测，融资未果的关键原因在于价格。"B 轮估值已有约 4 亿美元，VC 之中没有人愿意以这种价格接盘，而降价融资对于公司和红杉中国、DCM 而言亦不划算。"

2011 年年底，唯品会决意上市。既是因为公司发展有资金需求，因此时唯品会尚处亏损之中，也是出自通过上市提升品牌的考虑。

2012年2月，唯品会向SEC提交了IPO申请，计划最大募集额为1.2亿美元。而此时，中国概念股上市的形势极不乐观。在唯品会之前，已有很长一段时间没有中国企业在美上市。美国资本市场对中国概念股一片质疑与哀鸿。

投行希望有一个不错的公司开启新的中国概念股上市窗口。在路演前高盛等投行拍着胸脯说"肯定会上调发行价"，才让唯品会有信心随之上路。但谁能保证万无一失呢？

2012年3月24日，唯品会确定发行价为6.5美元，较之前宣布的8.5~10.5美元的定价区间下限还下调了23.5%。按照6.5美元发行，唯品会估值约为3.17亿美元，而根据原来的定价区间，其估值在4亿~5亿美元之间。

敲钟这天，"唯品会流血上市"的号外传遍中国财经媒体。杨东皓数月后回忆当时的情形：心情沉重，没有庆功宴。

在市场的不信任中，唯品会挨到了2012年的第三季度，11月13日发布的第三季度财报显示，唯品会净营收同比增长197%，达到1.56亿美元；净亏损则从2011年同期的1754.6万美元减少到145.6万美元，剔除期权激励后，唯品会第三季度财报实质已实现盈利，达到64万美元。

当季度盈亏平衡实现时，资本市场对唯品会能不能赚钱已经不再担心，竞争成为另一个需要唯品会用时间去证实的命题——如果京东、当当也开打折频道，巨资采购服装，唯品会的生存空间何在？

时至今日，唯品会对自身活跃消费用户的数量仍不满足。为吸引更多用户，品类上需要扩充和加强。"从自己的框里走出来，在品类上进行扩张，是考虑到自身能力到了新的阶段。当年做减法是因为没信心，现在船更大更稳，可以更有信心地去做一些实验。"收购乐蜂很大程度上是出于这一考虑。

破解了库存天花板和同业竞争的难题后，还有什么对唯品会构成威胁？"对一家电商公司而言，最大的风险在于能否跟上消费者的消费习惯。为什么移动这么重要，因为消费行为正在朝这个方向变迁，移动电商是大势所趋。企业能不能跟得上未来突如其来的变迁，生死攸关。"刘星说道。
（赵晓悦　文）

/ 附 文 / **刘星：复盘唯品会的投资逻辑**

跑道与选手

唯品会做折扣闪购，最初切入的是服装库存市场。这个模式的库存风险低，卖不完的可以退货；抢购本身也与中国人的消费心理比较匹配。

唯品会赴美上市时，二级市场的投资者花了很长时间纠缠一个问题："到底中国有没有足够的库存，会不会到时候就没有库存可卖了？"红杉合伙人就彻底跨越了这道心理门槛，比别人起码提前了两三年。真存在这个问题，他们哪敢在一年之内追加 B 轮投资？在刘星看来，唯品会的案例，不是他们比别人聪明，而是更深入了解，跟唯品会站在一起，所以理解得更到位一点。

尽职调查启动时，唯品会已经与很多国内外品牌展开了合作，甚至包括迪士尼。访谈中，红杉中国重点调研了他们的库存尾货处理方式。很清晰的一点是，传统的尾货处理渠道效率很低——找些人来拉走，或者在自己店里慢慢卖，或者组织商场促销。这些方法都不能在很短的时间内将尾货处理完。唯品会就提供了这样一个渠道，在很短的时间内，比如一个星期，把其他渠道两三个月才能做到事情做完。

直到 2013 年，某知名的线下品牌老板，一开始认为通过唯品会这种特卖方式处理掉一二十万的库存就算了不起，但上线之后他立刻感受到不一样："原来可以卖这么多。"一传十，十传百，圈子里的人就都知道了。所以，口碑的效应不只是在消费者端，也发生在品牌端。值得一提的是，唯品会的天使投资人大都是服装品牌商出身，因此比圈外人理解得更到位。

在闪购模式中红杉中国选中唯品会的原因有三点。

首先，是唯品会的定位精准。从定位奢侈品调整到面向大众市场，速度非常快——这是唯品会创始团队做出的第一个最正确的战略决策，体现了其商业判断能力。红杉中国认可他们已有的定位。

做奢侈品电商存在一些问题，尤其是缺乏稳定可靠的供应链，只能靠八仙过海各显神通，这批货用这个方式，另一批再换个方式，不能起量，直到今天仍有很多奢侈品品牌不愿敞开购买渠道。

定位在大众市场有几个优势：在很多地方，比如三四线城市不容易买到这些商品。价格便宜对工薪阶层有吸引力。对顾客来说，即便是六个月前甚至去年的款式也没有关系，因为在本地市场上还没出现这个款式。三四线城市是口碑传播的城市，地方更小，生活节奏更慢、更简单，产品的吸引力也更大。对唯品会来说，他们主要面对的女性受众本来就具有较强的自然传播属性。比如护士、老师，聚集性、传播性很强，有时间，有需求，收入不是特别高。比如一个护士买到一款好东西，她周围一圈人很容易都知道。

第二，这个团队的确不一样。温州人有着与生俱来的商业嗅觉，迅速的决策能力，能够发现商机、抓住商机、立刻执行，这是温州商业文化的特质；同时，他们又不是"老土"的人，洪晓波在法国生活工作多年，沈亚出生书香门第，他的兄弟、父亲都是很有文化的知识分子，而他本人之前在广州做国际贸易，视野很有开放性。

洪晓波与沈亚两人之间充满默契，刘星第一次在他们的透明办公室见面，觉得很有意思，后来天天见面习以为常，他到过的公司里，还没有第二家像他们这样的两位创始人在同一个办公室里办公的。

第三，唯品会的业绩的确靓丽。每个月的增长速度很快，仓库总是因为订单太多而爆仓。

资本进入

B轮融资之后，随着公司业务渐好，唯品会管理层发现可走的路很多，处处都是诱惑：可以进入不打折的新品市场做常态销售——中国还没有一家真正的线上百货公司，持续正价售卖时尚商品，这个需求也是很大的；或者考虑做泛品类的平台。

做加法还是做减法，扩张做不同的事还是专注做一件事？沈亚在战略抉择中起到了非常重要的作用。经过多次董事会的讨论，大家达成共识："做一家专门做特卖的网站。"这是董事会成员和公司高管一起提炼出来的，是对过去的一个总结。

但特卖也是有可拓展性的，一开始的"特"只是指特价，后来也可以指特别的商品、特别的时刻、特别的方式。特字可以演化，品牌的定位也可以演化。我们不介意大家理解成特价，先让你认识我，再往前走。

专注度是很大的保障。如果说第一次从奢侈品的转型是将一个错误改正，第二次就是把做对的事情贯彻下去，即所谓的"宜将剩勇追穷寇"，不遗余力地坚持。

库存问题之后，二级市场又向唯品会提出竞争的质疑：当当做闪购怎么办？京东也做特卖怎么办？沈亚回答："我们就是专门做这个的，公司几千号人就是为这个而生的；不相信的话，只能用业绩来证明。"

关于闪购的供应链，可以对照两家美国的线下折扣连锁——TJX和

Ross。前者市值400亿美元,后者就小很多(注:150亿美元)。原因之一在于,前者的买手团队是后者的数倍,一个买手可以只买男孩子的鞋,对鞋的面料、价格、供应商渠道、生产商、上游产业链都非常清楚,有什么变化都随时知道。后者在专注程度、打交道公司的数量等方方面面就差一截。唯品会和TJX类似,买手团队庞大而细分,他们整天与供应商混在一起,对自己所在的领域比谁都懂。

一路走来,在人才引进上,唯品会节奏把握得还算比较好,没有"掉链子"。除洪美娟副总比红杉中国更早加入公司,早期的每一位高管,刘星都谈过很多次。重要的高层岗位他基本都参与了面试,比如负责仓储物流的唐倚智副总裁。

现实与未来

2013年,唯品会的注册用户已达5000万。品类上需要扩充和加强,吸引更多的用户。从自己的框里走出来,在品类上进行扩张,是考虑到自身能力到了新的阶段。当年做减法是因为没信心,现在船更大更稳,可以更有信心地去做一些实验。目前在几个品类中可能做得比较深,但相比服装,护肤品做得就不够,需要拉上去。收购乐蜂即是出于这一考虑。

对于并购乐蜂一事,媒体的重点多放在"红杉做局"上,这是个很大的误解。红杉中国前期没有参与到并购交易中。直到交易前夕的董事会上才知道交易的细节,而且也不能参与投票。因为交易对象也是红杉中国投资的企业,所以红杉中国要避嫌。

沈亚是个非常成熟的企业家,很老到的商人,不会你说东就是东。李静也是一个很有个性的人。她作为一个媒体人，能把乐蜂的零售业务做成这样子非常不容易，这个时候把乐蜂交给一个更适合接盘的伙伴，能把乐蜂带到更高的地方，应该是非常正确的决定。

当然，红杉中国在过程中有作用吗？要说有，也有。就是红杉中国提供了一个交流平台——我们组织的企业家年会让沈亚和李静有机会在一个场合里认识、互相交流。当然后来的并购想法、决定都是 CEO 们自己做出的。

目前，唯品会已经发展成为全球最大的特卖网站。特卖已被证实是最适合女性消费的电商模式。有调研发现，60% 的女性在家庭大宗消费如汽车、房产的购买中，也具有很高的决策权，因此，唯品会也在通过汽车等品类进行探索，希望通过深挖"她经济"来撬动"他经济"，通过女性影响更多的男性消费者。看车的人群一般也会看电子产品、汽车配件，而且男性用户较多。哪怕当前促成交易的转化率还有待增加，但吸引了男性花时间在唯品会上，增加男性用户和网站的交互，就是一个很好的现象。

唯品会现在所做的尝试并不冒进，一切以结果说话。结果好就多做；结果不好，要么少做，要么根据结果信息，采用更巧妙的方式来做。电商需要不断创新。

对一家电商公司而言，最大的风险在于能否跟上消费者的消费习惯。为什么移动这么重要，因为消费行为正在朝这个方向变迁，移动电商是大势所趋。企业能不能跟得上未来突如其来的变迁，生死攸关。

2009 年 10 月，唯品会上线"掌上唯品会"，紧紧抓住移动抢购趋势。唯品会通过对移动客户端等技术平台的改造，为移动会员提供更友好的网购界面，以及上线微信支付功能后，订单数量一直在飙升。

2013 年，沈亚在唯品会发布第四季度财报后的电话会议中表示："移动端增长迅猛，在 2012 年第一季度，唯品会移动端只占总销售的 8%，到第四季度这一比例已经增长到23%，而最近的一个月，移动端销售额已超过1/3，未来预计移动体验端销售额会有更加迅猛的增长。"

从2014年第二季度财报看，唯品会移动端销售继续增长迅猛，由2013年同期占比12%飙升至2014年第二季度的46%，其中7月份更是创下52%的新高。未来，唯品会将继续发力移动端，给用户更便捷的购物体验。（赵晓悦　文）

58同城抢先IPO：
分类信息网站格局生变

从赛富最早发现58同城这条"鲨鱼苗"，到DCM为其带来了业务进一步扩张的资金和人力；从华平投资在其与竞争对手的广告大战中，为其提供充足的弹药，到抢先IPO，以及后来为在生活服务领域进行投资和并购而进行的增发计划……"从没过过苦日子"的58同城，资本旅程一帆风顺的逻辑何在？

2013年10月31日，万圣节前夜，身在纽约的分类信息网站58同城创始人姚劲波在电话连线中声称自己"还算平静"，但在语速和语调上却难掩激动之情。就在这一天，在经历了"八年奋战"后，58同城终于如愿成功登陆美国纽交所。开盘价21.2美元，较17美元的发行价上涨24.7%，按开盘价计算，市值达16.5亿美元。

这是姚劲波第二次到纽交所敲钟。2010年11月2日，学大教育登陆纽交所，姚劲波作为联合创始人参与了上市敲钟仪式。58同城是纽交所接受员工拜访最多的公司之一。58同城五十多名员工去了纽交所，都是高管或者五年以上的老员工。公司都是通过他们一点一滴地做起来的，他们也一起见证了荣誉的时刻。而在距离纽约15000千米之外的58同城北京总部，四层的办公楼门口简单地悬挂着"58同城成功登陆纽交所"的条幅，办公室内依然可以看到部分员工自发留在公司，等待着公司挂牌的激动时刻。

无疑，58同城的上市，使其在与竞争对手——赶集网的较量中先胜一局。因为，通过公开市场募集资金，显然能够为其日后的扩张、运营，甚至发动广告大战，提供坚实的资本后盾。然而，正如其创始人姚劲波所言："不管是在用户还是商户层面，都还有很长的路要走。"在面对直接竞争对手、互联网巨头、垂直网站的围追堵截，这家曾因商业模式不清晰、广告疯狂烧钱而备受质疑的"神奇的网站"，能够笑到最后吗？

"神奇"何在？

对于58同城，市场上不乏质疑之声。

58同城的收入主要来自在线推广和会员费，在线推广类似于搜索引擎的竞价排名；会员费则是向注册认证会员（主要是商户）收取的费用。58同城如何应对盈利模式单一的挑战？58同城的盈利能力能否经得住时间的考验？

企业在自身和行业发展的不同阶段，会选择不同的商业模型，现有财务规模和潜在空间之间的差距就是企业的成长空间——企业融资时屡试不爽的故事，58同城又讲了一遍。

上市时，58同城的商户付费会员占比不超过10%，还有很大的发展空间，华平投资总经理程章伦认为，其重点是通过不同的商业模型和工具，把这个产值贡献出来。分类信息网站竞争的根本在于企业手里是否有足够的流量，而这正是58同城的绝对优势。

58同城当时拥有1.3亿月独立用户访问量，但单个用户带来的收入和垂直网站比还有很大的差距。"有用户，并通过为用户提供更好的服务去追收入，比没有用户去追收入更容易一些。"姚劲波当时表示，将会逐步提高付费客户占总用户的比重，尽管"跑道还是很长的"。

根据艾瑞咨询的报告，2012年，58公司所在的在线推广市场，市场规模为121亿美元，到2017年预计有望达到393亿美元；其中线上分类信息市场的规模2012年为2.75亿美元，2017年有望达到近24亿美元的规模。

在姚劲波看来，58同城不管是在用户还是商户层面都有很多的路要走。上市的第二天，他就返程到北京继续工作。

继2011年赶集网和58同城的广告大战之后，关于58同城资金链断裂、高管离职、裁员、转型失败等一系列负面传闻不断。而查阅其上市文件我们发现，从2010年开始，58同城的年度营收逐年大幅递增，并在2013年第二季度实现盈利：2010年至2012年的三年间，58同城的营收分别为1100万美元、4200万美元和8700万美元。

58同城投资方的一位人士曾表示："当时58同城是备足了粮草的，如果继续打下去，我们还会跟着投。"艾瑞咨询提供的数据显示，2012年在中国在线分类信息市场，根据现金收入计算，58同城的市场份额为38.1%，居市场第一位。

对于58同城上市后的市场地位，姚劲波表现出强烈的自信。他认为竞争态势是比较清晰的，上市对公司有很大的帮助。从全世界来看，分类信息在每个国家都会有比较大的网站占有统治地位，中国也不会例外。

58同城的投资方也认为上市对公司帮助很大，其竞争对手没法与之相比。根据58同城上市文件披露，截至2013年6月30日，58同城账上现金及等值现金超过5100万美元。

资本旅程

2014年3月17日，截至上一个交易日收盘，58同城的股价达到49.48美元，几近是其17美元发行价的三倍。而在此前几天，公司股价曾一度飙升至58.32美元——这距离58同城登陆纽交所仅仅过去4个多月。按照50美元的股价计算，58同城的市值已逼近40亿美元，跻身中国互联网企业市值前10名的行列，仅次于新浪、超过了搜狐等。

一直在进行大规模的市场推广、大规模的产品研发和平台的打造，58同城选择的这种既耗时间又耗资本的商业模式，注定了其成立后的8年的亏损。然而，这种状态在2013年第二季度发生了改变。

"58同城是典型的由资本扶持起来的企业。"姚劲波说。用他的话说，资本对于58同城最大的作用是"让我们活着"。而来自投资人方面的反馈，姚劲波在与投资人的沟通上尤为见长。

2005年7月，姚劲波离开万网，选择将分类信息网站作为新的起点。当年的12月12日，58同城正式上线一年，他28岁。

在此之前，姚劲波已创业两次：2000年创办域名交易及增值服务网站易域网，同年9月被万网收购；2001年9月与万网的同事金鑫、李如彬共同创办学大教育，该公司后于2010年在纽交所上市。

如今提到58同城，大家都会马上想到姚劲波。更多人并不知道，58同城最初有三位创始人：姚劲波、个人站长出身的蔡文胜和乐乐互动创始人林先珍。

在58同城成立早期，蔡文胜、林先珍在运营方面参与较多，而之后，蔡文胜、林先珍逐渐淡出。

最早发现58同城这条"鲨鱼苗"的是赛富。

赛富的前身软银亚洲，其中国地区的投资由阎焱带领的团队负责。2004年年底，赛富团队从软银亚洲管理团队独立出来，次年赛富亚洲投资基金二期成立，规模6.43亿美元。而投资58同城的基金即为该只基金。该基金投资的项目还包括：完美世界、雷士照明和怡亚通等。有公开资料显示，赛富90%的资金投成长期企业，仅有10%投早期企业或者团队。赛富一直以来的投资风格是中晚期的公司，58同城是赛富投资组合中为数不多的早期公司之一。

在赛富（当时还叫"软银赛富"）的羊东、徐哲找到58同城时，58同城还没有注册公司。当徐哲的拜访电话打到58同城，接电话的女生告诉姚劲波"有个叫软银的先生找你"。这样的误解，并没有影响他们后续的合作。

然而，据姚劲波回忆，当时，赛富对58同城考察了很长时间，却迟迟没有做出最终的投资确定。一直没有得到结果的姚劲波在一个早晨跑到了赛富的办公室，见到了正在吃早餐的阎焱。阎焱邀请姚劲波一起吃了早餐，边吃边聊，最终的投资决定在那天的早餐后完成。

来自赛富的第一批150万美元资金为58同城早期的发展提供了资金基础。2006年，58.com黄页板块发布，正式进入黄页广告服务领域。并于当年实现日均访问量40万次，日均消息量10万条，注册会员8万。

放弃DM

2007年，在全球进入金融危机的当口，58同城完成新一轮融资。而在那时，互联网企业圈充满难以赚钱的质疑，58同城也在那时决定将业务发展到线下。

随后，线下媒体《生活圈》加盟，58同城开始同时为商家提供网络、杂志、无线等领域的广告服务。在投资方看来，DM 杂志（直接邮送广告杂志）的业务尽管有点"反互联网"，但并未觉得不靠谱，因而并未过于阻拦。

《生活圈》的定位为本地化的生活服务指南，为读者提供常用商户及公共机构的服务号码、房屋租售、二手物品交易、交友等信息，以及最新餐饮、医疗、食品、保健品、酒类、婴幼用品等多个行业的折扣优惠券。

该段时间，DM 杂志业务将北京分成 20 个区，每个区每月出版 1 本杂志。在向中高档社区推广的同时，也在饭店、写字楼等白领日常活动场所，全面提供衣食住行等各方面信息，备受广告主青睐。DM 杂志为当时的 58 同城提供了不错的现金流——每月数百万元。

姚劲波和副总裁陈小华二人也经常在下班之后跑到印刷厂看 DM 杂志的封面设计、排版样式，甚至考虑过是否要为其设置独立的产品经理。

然而，不久之后，58 团队开始反思，作为互联网公司的 58 同城为何要跑到线下去做平面媒体的事儿？加之每月数百万收入却占用数百人的团队资源。在一年的尝试和其后痛苦的思想斗争后，58 同城决定，放弃 DM 业务。

"我们走了很多弯路，但一旦尝试不通，换方向的时候砍起来也非常快。"姚劲波说。除上述关闭 DM 业务，58 同城快速转向的例子还有——在决定从纯线上的模式开始转向线上、线下并行后，58 同城在一年之内完成了 27 个分公司的设置、几千个员工的招聘，以及后来团购业务的关闭。

当时，58 同城的钱也"烧"得差不多了，公司进入困境。姚劲波在这时找到了阎焱。时值金融危机，赛富内部对是否追加投资意见不一，但最终还是做出追加投资的决定。

根据招股文件，2007 年 8 月和 2008 年 5 月，赛富分别向 58 同城再次注资 79.1 万美元和 250 万美元。其后，58 同城启动华南发展战略，广州、深圳分公司成立。2008 年，58.com 日均访问量突破 100 万，日信息量达到

25 万条，58 同城进入中文网站百强队列。

获得赛富的再次注资之后，58 同城又找回"满血复活"的状态。截至 58 同城上市时，赛富方面持有 58 同城 22.6% 的股权。按照当前约 50 美元的股价计算，赛富持有的股权价值近 10 亿美元，该笔投资的回报近 200 倍。赛富在 58 同城上的投资收益，超过了该只基金的总规模。

DCM 带来资金和人力

2009 年末，正值 PE/VC 投资的低潮期，58 同城开始新一轮融资谈判。

当时，58 同城瞄准在 2011 年"成为中国分类信息领域第一家上市公司"的目标。最终 58 同城获得了专注于高科技公司早期投资的 DCM 的投资。

58 同城的上市文件显示，DCM 先后两次投资 58 同城：2010 年 3 月向 58 同城注资 1000 万美元，2010 年 12 月，DCM 联合华平投资向 58 同城注资 4500 万美元。

在决定投资 58 同城之前，DCM 董事合伙人林欣禾用一周时间同时研究了 58 同城、赶集网和百姓网三家公司，最终选择了本土特征更为明显的 58 同城——与分类信息网站鼻祖 Craigslist 不同，58 同城有大规模的线下团队。截至 2014 年 3 月，在 58 同城 5800 人的团队中，遍布 27 个城市的销售团队占到了 4000 人。林欣禾曾表示："我那时候赌的就是，虽然 58 同城的成本比较高，但是销售可以做得比较好。很明显在过去的 4 年，这个赌注下得比较成功。"

对于 DCM 的投资在 58 同城发展过程中的作用，羊东认为："当时正值金融危机，58 同城在创业阶段也遇到了很多发展中的问题，DCM 的投资给成长期的 58 同城加了一把火。"

在姚劲波看来，投资机构对 58 同城的支持不仅限于资本。2011 年，VC 帮 58 同城引入了副总裁段冬。段冬此前曾在新浪网供职 7 年，其中的 4 年与林欣禾共事。如今，段冬在 58 同城主要负责人力资源相关的工作。

论及 58 同城与 VC 沟通的经验。姚劲波说："不断地分享信息、非正式地沟通。这就是我和投资人处理好关系的重要技巧。"

58 同城在早期很少固定召开董事会，与公司管理相关的讨论和决策都是通过非正式沟通的方式进行。公司到郊区去做团队建设时，也常常会叫上投资方。任何好消息、坏消息，任何公司决定，姚劲波也会通过邮件分享给投资人。

按照融资时的规划，2011 年，58 同城启动上市进程。然而，当时中国概念股因财务丑闻不断，多家拟上市公司推迟上市计划，逆势上市企业股价破发，中国概念股股价集体跳水。当年 4 月到 6 月间，先于 58 同城上市数月的两家公司——优酷和当当的股价在 2011 年 4 月到 6 月间持续下跌；同期申请赴美上市的迅雷亦在最后一刻宣布，因美国股票市场状况不佳，推迟 IPO。于是，已经交表的 58 同城主动撤回申请材料，上市计划被迫中止。

"一是市场不是特别好，二是我们觉得公司规模还没到，硬往上冲会费点力气。"羊东回忆。

华平：广告大战弹药库

姚劲波把与投资人的相识和交往过程看作是缘分。而与华平投资结缘则是在学大教育的上市路演期间。

2010年，学大教育上市路演，这是姚劲波和另外两个创业伙伴金鑫、李如彬共同创办的企业。路演过程中，姚劲波碰到了华平投资董事总经理程章伦。

当时，华平投资在学大教育上市时购入超过5%的美国存托凭证。截至2012年年底，姚劲波持有学大教育10.1%的股权，华平投资持有学大教育11.2%的股权。

路演期间闲聊，程章伦问姚劲波："你是做什么的？""你来看看呗。"恰好处在募集阶段的姚劲波顺势邀请程章伦到58同城来转转。如约而至的程章伦立刻意识到58同城的价值，但当时58同城与另一家基金的谈判已经接近尾声。

"就两周时间，如果你们能把钱投进来，我就拿你们的钱。"姚劲波知道华平投资的实力，但并未因此放开时间期限。最终，华平投资在半个月之内做出决策，迅速注资。

"虽然58同城的模式在2010年还相对比较新，整个行业的产值也并不大，但当时我们还是相信这个模型的未来，并积极地通过两笔比较大的投资去支持其发展。现在回头来看，我觉得是对的。"回忆2010年开始对58同城的投资，程章伦表示。

2010年—2012年间，华平投资先后向58同城注资8700万美元。同时，由于对线上分类信息模式的看好，于2012年在印度投资了一家模式相近的网站——Quikr。

在资本注入的同时，华平投资为58同城介绍了CFO周浩。2011年6月，58同城新任CFO周浩走马上任。周浩曾在美国通用电气公司任职11年，之后在数家上市公司和准上市公司担任CFO，拥有丰富的财务工作经验。

资本的进入，为58同城的市场投入带来充足的"弹药"。其实，58同城的发展过程中，一直在持续不断地向市场投入。赞助了包括《超级女声》《快乐大本营》《天天向上》《非诚勿扰》《非你莫属》《中国好声音》等电视节目，同时，在地铁等户外也在进行持续的广告宣传。

在众多广告投放中，最让人印象深刻的当属2011年58同城和赶集网之间的广告大战。而在这场大战背后，为其提供火药支持的则主要是华平投资。

尽管当时58同城的市场份额略高，但竞争对手的动作仍给58同城带来了不小的压力。"他们投多少，我们投两倍。"董事会一致表示，全力支持广告战。

"互联网行业的竞争激烈程度，用'成者为王、败者为寇'形容也不为过。58同城做的是流量生意，广告是非常有效和重要的推广方式。先成为行业老大，然后乘胜前进拉开和第2名的距离，这样地位才稳固。"程章伦在58同城上市时介绍。

"现在看，这个市场，我们真的是（用广告）砸透了。"回想起3年前的广告大战，姚劲波认为值得，但却也仍心有余悸，"我们前后花了7000万美元，但实际上我并不想花这么多。"

砍掉团购

如果说2008年砍掉DM业务是主动而为，那么2012年砍掉团购则多少有些不得已而为之的色彩。

在2010年团购市场一夜之间被激活后，原本在线下有良好团队根基的58同城也决定顺势进入。58同城进入团购的初衷是希望通过这个业务为58同城整个平台带来新的基因改造，积累经验改善平台。

尽管涉足团购业务，但58同城给予团购团队的资源是有限的。即使在团购业务最高峰的时候，58同城给其的资源也不足全公司的10%，相应地，团购业务为58同城带来的收入则仅占整体收入的5%。姚劲波回忆，2个小时的会议，往往给到团购团队的时间也就10分钟。

出于资源的限制，58同城无法对除房产、招聘、二手、黄页、汽车几个核心领域外的业务进行过多的资源投入，因而，合作是更为有效的方式。2012年，58同城宣布启动开放战略，引入千品网、嘀嗒团、拉手网等团购网站。10个月以后，58同城团购上的商品80%已由合作伙伴提供。

伴随团购业务的开放，是58同城团购团队的迅速收缩。"我们觉得这个仗还要打很久，实在分不出这个精力来，没办法同时打好两场仗。"姚劲波回忆，我们从决定关闭到完成人员遣散，只用了一两周的时间。

在58同城副总裁陈小华看来，身处服务业的58同城应该积极去尝试新的机会，且参与之中可以帮助58同城了解服务业如何通过在互联网上实现标准化。"我们认为团购掀起了一项服务业的大革命，所以我们不认为这个决策是错误的，即使后面做失败，当时也都是应该参与的，因为你一定要知道服务业的电子商务标准化物品是怎么玩的。"陈小华总结。

对抗不良信息

DM、团购、广告战对58同城来说都是阶段性的战役，信息质量监控则是58同城从创建第一天起就面对的持久战。开始时，58同城的免费模式，让消费者受惠其中，同时也让大量虚假信息有了可乘之机，诈骗信息、虚假招聘等信息不断挑战着58同城的诚信监管体系。

此后，58同城大量投入技术人员，在信息虚实性识别的基础上，建立了系统识别等多套管理体系，并在天津设有数百人的团队将系统挑选出来的信息进行逐条审核，在这之后由人工进行复审。

"按报纸的审核机制审核我们已经做到了，甚至比他们还严格。"陈小华在早前接受媒体采访时表示。

然而，在信息质量监控上哪怕只有些许比例不完美之处，对于拥有庞大用户量的58同城来说也会带来严重后果。于是58同城开始向淘宝学习，推出"消费者保障计划"。

"我每天能看到很多投诉，我们也知道我们现在能不能做得更大，取决于我们能不能建立一套服务业的体系，我觉得没有这一套体系，分类网站很难走得更远。所以接下来，我们要推行保障体系，我也知道这不一定会100%成功，但我们会努力。"陈小华说。

2013年7月，已经开始筹备上市的58同城宣布成立信息质量部门，通过综合应用技术分析、产品改进、人工审核、有奖举报、认证保证金、同业合作等手段，防御虚假信息，以求实现对信息质量的全面改善。

IPO：资本新旅程

2013年第二季度，58同城首次实现盈利。58同城是行业里第一家实现资金流正向循环的企业。这一年，58同城再次赴美申请上市。

在此之前的2012年，仅有唯品会和YY公司两家中国企业成功赴美上市，而2013年，在58同城之前仅有兰亭集势一家赴美上市。其中，唯品会流血上市、YY 的开盘价与发行价持平、兰亭集势的开盘价则较发行价上涨 17%。

资本市场形势逐渐转好，加之企业自身实现盈利，58 同城再次把上市提上日程也在情理之中。

提交上市申请之初，曾经历过一次上市失败的姚劲波已经做了最坏的心理准备。"我们肯定是觉得市场还可以，不然也不会去申请。但要说没有担心也是不可能的。我都曾经想过，如果这次上市没有成功，那回来之后我应该给员工写一封什么样的信、发表一个什么样的演讲。"姚劲波回忆。

然而，路演的结果给姚劲波带来了意外的惊喜：从新加坡、中国香港到美国一路走来，在新加坡即完成超额认购，离开中国香港时，已经超额认购逾 10 倍。离开中国香港的那一刻，姚劲波告诉自己，这件事儿成了。"你不走出去，永远不知道世界怎么看你。"姚劲波感慨。

"上市过程中姚劲波和周浩特别辛苦，虽然上市的结果已经非常明朗了，但是他们还是希望吸引每一个投资人都下单，一直到最后一个会议结束。"羊东感慨于 58 同城高管团队的勤奋。两周的路演时间，姚劲波瘦了整整 10 斤。

58 同城上市，为了表达对员工的感谢，姚劲波带了 58 个员工去纽约敲钟。敲钟刚刚结束，当大家还沉浸在兴奋之中，姚劲波即请同事安排了回京的机票。

第二天上午，姚劲波在上班时间出现在了办公室。然后，他请各个部门的员工吃饭。他希望员工能够体会到，上市就是一瞬间的事情，过去了就过去了。

2013 年 10 月 31 日纽交所闭市钟的敲响，为 58 同城的上市首日画上完美句号。按照开盘价计算，姚劲波个人所持股份的市值达 4.6 亿美元。赚得盆满钵满的还有58同城背后的多家投资机构。

根据SEC披露的58同城上市文件，58同城背后的机构股东华平投资、赛富和DCM的持股比例为20.8%、20.5%和16.6%。按照收盘价计算，上述机构所持股份市值分别为4.85亿美元、3.6亿美元和3.13亿美元。

投资机构对58同城的上市前景信心满满，机构股东DCM早前即已宣布，将以IPO价格购买1500万美元股票进行追加投资。

充沛的账面现金让姚劲波开始思考新的方向。正如58同城的投资人、DCM董事合伙人林欣禾所说："IPO其实是一个出发点，IPO之后，对公司来说是一个新的开始，这才是你真正开始要长跑的时候。"

2014年3月17日，姚劲波透露58同城会成立投资部门，在生活服务领域支持创业者。就在当晚，58同城在美国SEC网站刊登公告，正式公布其增发计划，发行的募集资金将主要用于投资和并购。

初步招股资料显示，此次承销商仍为摩根士丹利、瑞士信贷、花旗集团和太平洋皇冠证券，拟募集资金4亿美元，超过了IPO 2.15亿美元的规模。

"投资是肯定要做的。如果一家公司把赚来的钱放在账面上，股本回报率就会下降。"作为投资人，羊东对58同城通过增发的方式募集资金，并用于投资和并购的决定表示认可。在他看来："只要并购的战略清晰，能和既有业务互补，肯定是非常好的。"

3月18日下午，姚劲波登上赴美的飞机，开始其新一轮资本之旅。

"要成为一家比较好的公司，一家伟大的公司，其实我们还差得很远。"姚劲波表示，"中国真正伟大公司的标志，如果从市值来看，应该是百亿美元的。"如此看来，姚劲波的资本之旅才刚刚开始。（赵娜　文）

/ 附 文 /　**对话姚劲波：如何与投资人沟通**

"58同城是典型的由资本扶持起来的企业。"姚劲波如是说。

2006年的分类信息网站像极了2011年的团购网站，数千家网站在一夜间出现，几家拿到投资的活了下来，最终市场仅剩下两三家。

在58同城的股东名单中，三家机构投资者风格迥异：赛富主要关注成长期投资，DCM主要投资科技创业企业，华平投资是大型PE机构。谈及与投资机构的关系，按照姚劲波自己的总结："我们和投资人的关系是非常融洽的，荣辱与共。"甚至很多投资人在看项目的时候会听一听姚劲波的投资建议。

作为连续创业者的姚劲波在与资本交流的过程中，有何特别的经验？在总计过亿美元的多轮融资中，姚劲波如何持续获得投资人的信赖？

记者：58同城的几轮融资情况是怎样的？

姚劲波：58同城能够发展起来肯定离不开资本的支持，我们是典型的由资本扶持起来的企业。58同城成立的前8年一直是亏损的。这种靠大规模的市场、大规模的研发打造平台的模式，是特别耗时间、耗钱的事情，没有资本的支持是不可能发展的。

58同城在2005年年底成立，2006年年初得到赛富的投资。赛富主要做中后期的投资，我们是他们不多的早期投资之一。DCM对58同城进行了第二轮投资——58同城是金融危机之后DCM投的第一个案子。最近一轮投资的是华平——拥有几百亿元的基金。

记者：资本对58同城最大的价值在哪里？

姚劲波：资本对我们最明显的作用是让我们能够活着。分类信息网站和后来的团购网站一模一样，一开始有几千家，之后有几家拿到了投资，活了下来，最后市场就剩下了两三家。

我们和投资人的关系非常好，他们会问我有什么困难。我也一直把他们当家人，不论好消息、坏消息，都会和他们分享。比如，我们的CFO就是华平帮我们找的。不只是CFO，还有我们负责HR的段冬、负责信息系统的人，都是我们的投资人帮我们介绍的。

记者：58同城如何处理和投资人之间的关系？

姚劲波：三家投资机构的风格完全不同，但和我们的关系都无一例外的非常好。甚至他们在投项目的时候都会拿给我来看一看，问问我该不该投。

我和投资人处理关系的方式是经常见面，有时候一起吃饭，有时候一起运动，我们家人的关系也非常好。就是平时多沟通，比如我们流量超过100万，收入了一个大客户，我就会发邮件告诉所有的投资人。他们会为你的一点进步感到高兴。

平时我们就像兄弟一样。比如我们到郊区去做团队建设，就会叫着他们。平时在网上、微信群里面、邮件里面沟通也特别密集。我首先要让他们喜欢上我们的公司和我们的团队。此外他们和我们的高管关系也特别好。不断地分享信息、非正式的沟通，这就是和投资人处理好关系很重要的技巧。

记者：和投资人相处应该注意什么？

姚劲波：从整个资本市场来看，投资人比较容易走极端。好的时候，特别乐观。不好的时候特别悲观。其实公司增长往往是波动上涨的。很多想法你要懂得尊重,要听投资人的看法,但作为管理层和创始人,一定要有自己的判断,要反过来去影响他们。乐观的时候,告诉他们以后有可能会不好;悲观的时候,告诉他们会好起来。

58同城大的决策都是我们自己决定的。比如2010年扩充团队,我们扩展到了27个城市,招了几千人;2011年我们投入教育市场。这几个决策都不是来自于董事会,而是管理团队进行提议,提议能否得到投资人的支持,则取决于你平时和他们的关系好不好,他们对你的信任程度高不高,以及你的说服能力和铺垫能力。

记者:58同城在过去这些年走过哪些弯路,如何调整方向?

姚劲波:我们走了很多弯路,但一旦尝试不通,换方向的时候也是非常快的。我们曾经尝试做DM业务,一个月有几百万元的收入,几百人的团队,当我们讨论认为这不符合58同城的长期发展后,就迅速砍掉了。我们的产品、价格,是一路试下来的。

58同城的收入在过去每年都是翻倍的增长,希望未来也能够保持翻倍或者接近翻倍的增长。我希望一直把58同城往快车道引。不只是我,要影响整个团队始终往快车道跑,始终看机会在哪里。如果你一直在现在的地方,可能更安全,但也就没有增长的机会了。

记者:两次申请上市的情形?

姚劲波:2011年,58同城启动上市进程,但中国概念股股价集体跳水,美国股票市场状况不佳,于是,我们决定暂不考虑上市。

2013年,我们再次提出上市申请,其实也是做了最坏的心理准备。当时我们肯定是觉得市场还可以，不然也不会去申请，但要说没有担心也是不可能的。我都曾经想过，如果这次上市没有成功，那回来之后我应该给员工写一封什么样的信、发表一个什么样的演讲，这都想好了。直到离开香港的一刻，我才觉得这件事儿成了。我们路演是从新加坡开始的，第二天在中国香港，之后是美国。在新加坡我们就被超额认购了，离开中国香港时已经超额认购逾10倍。

记者：您认为58同城在上市之后最大的挑战是什么？

姚劲波：从我们内部来看，很多事情还没有做，执行不到位的地方到处都是，很多事情还可以做得更好，到处是漏洞、到处是机会。能看到的、肯定要做的事情还有很多。

我们现在的市值是40亿美元，排在中国互联网企业前10名里，超过了很多老牌互联网公司。不过我认为将来中国真正伟大公司的标志，如果从市值来看，应该是百亿美元的。要成为一家好的公司，一家伟大的公司，其实我们还差得很远。（赵娜　文）

弘毅"谋变"城投控股：
PE 的混合所有制能量

弘毅投资的入股是否能够为城投控股带来先进的国企改制、公司治理以及资本运作的经验？增加民营资本在混合所有制企业中的话语权与经营权，是否是上海国资改革的未来方向？作为上海国资委旗下重要上市公司平台——城投控股未来是否能够充分受益改革的红利？一切拭目以待。

"士不可以不弘毅，任重而道远。仁以为己任，不亦重乎？死而后已，不亦远乎？"这句取自《论语·泰伯》中曾子说的一句话，曾挂在弘毅投资官网的显著位置，而这家依靠国企改革而名声鼎沸的 PE 机构或将继续成为新一轮国资改革的宠儿。

在银根紧缩的背景下，城市建设投资公司（全国各大城市的政府投资融资平台）的资金链紧张程度可想而知，有时候甚至潜伏着某种危机。与此同时，中国政府提出的全面深化改革的蓝图，尤其是针对国资国企的改革正在如火如荼地进行中，似乎没有什么力量能够阻挡这种历史发展带来的趋势变革。

"在政策推动和经济大环境倒逼的双重作用下，国企改制已迫在眉睫，混合所有制改革或将成为最有效的措施之一。"2014 年 4 月，弘毅投资总裁赵令欢在博鳌亚洲论坛上曾表示，体制已经成为国企进一步创新发展的短板。

2014年2月26日,赵令欢旗下执掌的弘毅(上海)股权投资基金中心(有限合伙)(以下简称"弘毅上海基金")正式获得了上海市城市建设投资开发总公司(以下简称"上海城投")转让的上海城投控股股份有限公司(以下简称"城投控股")10%的股权。

更重要的是,城投控股作为上海地方国资企业,在引入弘毅上海基金作为战略投资者入股后,同时放开董事会席位,使得弘毅上海基金在混合所有制的城投控股中的话语权得到提升。

这对于以擅长国企改制闻名投资界的赵令欢来说,无疑又是一次成功的投资,但是对于引入弘毅上海基金的城投控股来说,是否同样意味着成功呢?

曾经的"引援往事"

2014年2月11日,由上海市商务委、市国资委、市发展改革委、市经济信息化委、市财政局、市政府外办、市金融办、外汇管理局上海市分局等八部门联合制定的《关于进一步加快培育上海国有跨国公司的实施意见》正式发布,明确提出,要培育5~8家全球布局、跨国经营、具有国际竞争力和品牌影响力的跨国集团,8~10家全国布局、海外发展、整体实力领先的企业集团,以及一批技术领先、品牌知名、引领产业升级的专精特新企业。

市场普遍认为,要达到上述目标,可通过引入外部战略投资者的方式,不仅可以引进"有资源的资金",而且能够促进国有企业体制机制优化和市场竞争能力的提升，或成为样本式的国企改革思路之一。

不过，城投控股在引入战略投资者的道路上早就迈出了第一步，公司曾在 2009 年 8 月向美国人工影响天气公司（美国 WMI）的香港子公司转让了子公司上海环境集团有限公司（以下简称"环境集团"）40% 的股权。美国 WMI 是美国最大的固体废物处理商，其主营业务是固体废弃物的收集处理，和环境集团的发展方向是一致的，作为战略投资者非常适合。

在引入美国 WMI 之后，城投控股确定了环境集团新的组织架构，制定了三年商业计划（2010 年—2012 年），开始引进和吸收外方先进技术和管理经验。

按照城投控股披露的财报显示，2010 年—2012 年，环境集团的净利润分别为 3348 万元、7046 万元和 6640 万元。

城投控股最新披露的 2013 年年报显示，环境集团的当年净利润为 8921 万元，总体而言，城投控股此次给旗下子公司环境集团引入战略投资者的"成绩单"还算不错。

但是，这次引入战略投资者的合作仅仅维持了不到 5 年，2014 年 3 月 1 日，上海市商务委员会同意美国 WMI 将其持有的环境集团 40% 的股权再转让给城投控股，转让价格为 9.7 亿元，与城投控股当年出售这笔股权的交易价格一模一样。

记者了解到，美国 WMI 出于自身战略调整的需要在 2013 年 7 月就决定转让环境集团 40% 的股权。因为，环境集团原合资的结构导致决策链条长、效率偏低，合资公司的管理方式不同也影响了城投控股环保产业链的协同发挥；合资效果不够理想制约了公司环保业务的发展。

不过，长城证券研究员苏绪盛认为，本次交易对价优惠，环境集团 40% 股权的净资产值为 9.95 亿元，折价受让其中有人民币升值因素，也有公司的努力，"9.7亿转让9.7亿受让，考虑到近4年合资公司未曾分红，相当于城投控股在环保业务高资本投入阶段获得了近10亿元的无息贷款"。

新的"联姻者"

尽管在子公司引入战略投资者并非一帆风顺，但是并不能影响城投控股的"谋变"决心。

主动求变的城投控股将自身定位调整为"城市基础设施和公共服务整体解决方案提供商"，这寄寓着转型的核心思路：成立专业化集团，到细分市场中做精、做专。

而这一发展的背后需要的不仅仅是资金支持，更需要有资源和行业经验的产业资本"遥相呼应"，对于城投控股来说引入战略投资者无疑是水到渠成的事情。

作为城投控股的控股股东，上海城投转让其股权的故事还需追溯到2013年2月份。

2013年2月28日，上海城投发布公告拟以公开征集受让方的方式转让其持有的城投控股29875.2352万股股份，占公司总股本的10%，为城投控股引进战略投资者。

值得注意的是，上海城投当初公布的拟受让方应当具备的资格条件显示，"意向受让方或其实际控制人、意向受让方或其资产管理人的实际控制人须为国内外知名企业或投资机构，并具备市场化的运作机制和能力；在国企改制以及完善公司治理机制方面具有丰富经验和被市场认可的成功案例；有为上市公司国际合作方面提供持续的技术和资源支持的良好能力；

其品牌应具有国际知名度；截至2012年年底，其拥有或管理的资产规模需超过城投控股的资产规模"。

城投控股总资产近300亿元，普通的PE机构很难管理如此规模的资产。如此苛刻的条件，几乎只有弘毅投资才能达到。资料显示，弘毅投资是国内私募股权基金领域巨头，目前管理资金超过450亿元人民币，主要出资人包括联想控股、全国社保基金、国家开发银行、中国人寿及高盛、淡马锡、斯坦福大学基金等全球著名投资机构。弘毅上海基金是其设立的外资基金，规模5亿美元。

果不其然，最终仅有弘毅上海基金递交了意向受让书及相关材料，并最终成为城投控股的战略投资者。

城投控股的公告显示，本次转让股份数量为29875.2352万股，每股转让价格为6元，合计转让价格为17.93亿元。

2014年2月26日晚，城投控股发布公告，公司收到中国证券登记结算有限公司上海分公司出具的《过户登记确认书》，公司控股股东上海城投将城投控股10%股权转让给弘毅上海基金的过户手续已办理完毕。本次股权转让完成后，上海城投持有城投控股45.61%股权，仍为公司第一大股东；弘毅上海基金持有城投控股10%股权，为公司第二大股东。

弘毅投资以近18亿元入股城投控股，在2014年被视作上海国资国企改革的大事件。

城投控股董事长蒋耀在2014年4月接受媒体采访时曾坦言，这种"混合"之所以能够成功，一是因为城投控股是上市公司，有明确的监管。二是在二级市场上，资本有退出机制，因此，弘毅才作为"二股东"参股。通过引入弘毅资本，既改善了上市公司的法人治理结构，从根本上改变国有股一股独大的局面，也为城投控股带来新机遇。同时盘活了国有资产存量，将退出的资金投入到公益性基础设施中。

国企改革的 PE 专家

赵令欢于 2003 年 1 月加入联想控股有限公司，创立及组建了联想控股旗下专事股权投资和管理业务的子公司——弘毅投资。

实际上，主攻国企改制是弘毅投资与其他 PE 机构的最大区别，赵令欢也因擅长国企改制闻名业内。彼时，中国已成外资 PE 博弈厮杀的场所，同样是 PE，同样是外资资金，凯雷收购徐工终为悲歌；同期，弘毅投资相继成功收购或投资中国玻璃、中联重科、石药集团。

由此，弘毅投资也博得了"最懂国企"的声名，而新一轮"混合所有制"为主的国企改革中，弘毅投资也赚得盆满钵满，26 个项目与国企相关，这其中就包括入股城投控股。

在十余年前，当弘毅投资刚刚创立时，国企改制就是其强项，如投资中国玻璃，并将其一步一步从地方的小企业做到全国大企业，再到在香港资本市场上市。

"当时我们希望 100% 收购，因为中国玻璃是个债转股企业，当时的控股方也都不可能再给它投钱了。但像我们投资上海城投的项目，我们就希望国有股份别退太多，因为垃圾处理从某种程度上是一个政府特许进入行业。"赵令欢对外界吐露，"我们需要政府成为利益相关方，这样才能调动政府更多地参与政策落地并推动相关问题的落实。"

记者了解到，弘毅投资从 2011 年开始布局上海，彼时上海国企中有 9

万亿元的资产,作为中国地方国资国企的"重镇",有着不可忽视的地位。

2011年9月,弘毅投资宣布上海运营平台正式成立。在赵令欢的设想中,上海运营平台主要起到两个重要作用,外币基金的管理和国内资本参与全球资产配置的桥头堡。

果不其然,混合制所有制改革在上海率先开局。在十八届三中全会之后,上海率先公布地方国资监管改革路线。这也是继2008年发布《关于进一步推进上海国资国企改革发展的若干意见》(上海国资国企改革20条)之后,上海对国资国企改革的又一次全面部署,成为名副其实的国企改革先行军。

对于擅长在国企改革中"谋一杯羹"的弘毅投资来说,这无疑是天大利好!

一位PE人士直言,至少目前来看,弘毅投资在上海的布局方向与"上海国资国企改革20条"思路高度吻合,"不得不佩服赵令欢在国企改制中的经验,国企改革制度红利被其演绎得淋漓尽致"。

弘毅投资是上海自贸区第一个入驻的PE。

2014年2月,弘毅投资完成了自贸区跨境股权投资的首单,向外投资1.86亿元,联合苏宁电器共同收购PPTV。从提交申请到备案完成,仅用了5天。之后不久,弘毅投资又通过自贸区的平台完成了其跨境股权投资的第二单,成功投资了好莱坞一家新型电影制片公司。

记者了解到,赵令欢带领的弘毅投资10年来参与了26家国企的改制和投资,投资总额将近150亿元,10年来积累的投资经验让弘毅投资确信:混合所有制的目标是建立市场化的董事会,使企业有市场化的决策和激励体系。

赵令欢在2014年博鳌亚洲论坛上表示,在过去的大多数国企当中,固化且低流动性的管理体制制约着管理层推行改革创新,"在混合所有制下我们能让企业高管有更多自主权,结合激励机制不仅能释放管理者的活力,还能减少和解决所谓的'59岁现象',即提前退休或退居二线等情况"。

在赵令欢看来,国企改革只要把体制问题解决了,国企的其他很多问题都能在市场中自然消化和解决。

盛宴下的"精耕细作"

资料显示,2003年,弘毅投资一期基金成立后,便邀请麦肯锡做咨询帮助筛选具有前景的行业。麦肯锡协助弘毅投资从99个行业中筛选出适合投资的10个重点行业,包括建材、机械和医药等。

弘毅投资一期基金投资了3个项目,包括中银集团的不良资产项目、江苏玻璃集团和德农种业。借助于收购、重组、上市,大概通过一年的重组改造,中国玻璃最终于2005年中期以"红筹"方式在香港主板上市。凭借"中国玻璃"一役,奠定了弘毅投资在国内并购市场领先的"江湖地位"。

一位PE人士告诉记者,2003年,中国内地已成外资PE博弈厮杀的场所,"弘毅投资必须找到适合生存的细分市场。如果弘毅投资参与成长性企业的投资,必然在竞争中处于劣势。而国企并购重组方面,外资几乎没有涉猎,即使有参与徐工、哈药和深发展等,也是障碍重重。因此,弘毅投资把目标瞄准了国企改革,并在这种改革盛宴中获利不菲"。

对于另辟蹊径投资国企,赵令欢曾表示当初定位国企投资的原因是:"弘毅投资2003年初成立时,进行了很深入和细致的研究,研究的结果显示,中国所谓的并购市场、并购基金那时候是一个陌生的概念,国内几乎没有人做,但是我们认为未来会渐渐发展和成熟起来,最主要的支持依据之一是国家在发展,政策上有导向,国退民进,就是国企要多元化,要改制,这是一个机会。"

2005年6月,弘毅投资二期基金投资了科宝博洛尼、济南汽车配件厂、先声药业、林洋新能源、中联重科和中国玻纤控股子公司。随着投资项目的增多,弘毅投资在PE界声名鹊起。

PE人士认为,在国企改革重组过程中,首先要改变原有管理体制,建立新的决策、激励机制,让核心管理层持股;改制完成后帮助企业融资,登上资本市场舞台。这一系列的改变对国企来说是一场彻底的变革。

在2014年的博鳌亚洲论坛上,赵令欢也曾表示要明确国企改制的核心,终极设计意图包括两个要素。"其一,改制后企业能够进一步进行市场化运作,包括决策以盈利为主导,董事会治理市场化等。其二,形成一定意义上的管理层持股,核心管理层的切身利益和企业利益最大程度一致化。"

发展混合所有制是个老话题、新热点,十八届三中全会表示要积极发展混合所有制经济,各地方纷纷出台相关方案,以混合所有制为契机推进国企改革。

"我相信,以混合所有制作为产权制度的安排,对竞争行业里的国有企业是一个很大的进步。我们非常希望这些行业里的国企积极响应体制改革,让我们也有机会参与。"赵令欢如是说。

如同当初投资城投控股一样,要搞混合所有制,也并非信手拈来。城投控股董事长蒋耀曾经表示,如果按现有的体制,没有让民营资本参与做事的环境,没有人会想来合作搞混合所有制。国有资本占绝大部分比例,许多运作不够市场化,是外资、民资望而却步的重要原因。

为此，城投控股打算探索一种新的混合所有制方式：让社会财务投资人来控股。这批投资者是行业外人士，目标集中于盈利，不干预具体业务。同时引入有产业背景的国有企业和管理团队投资入股，董事会负责战略与监管，专业团队负责业务执行。

另据了解，中国石油化工集团公司的资产改制即将提上日程，弘毅投资有意成为中石化改革的参与者之一。对于长期致力于分享国企改革盛宴的弘毅投资来说，混合所有制的推广将为其下一步的发展铺平道路。

（韩迅　文）

/ 附 文 / **对话赵令欢：弘毅投资做局国企改革**

赵令欢表示，混合所有制改革也是弘毅投资的重大机遇，国企改制仍然是其重点的投资模式。

记者：弘毅在国企改制方面有着丰厚的积累，在您看来，与上一轮国企改革相比，市场情况发生了哪些变化？此轮国企改革呈现出怎样的特点？

赵令欢：弘毅做了10年投资，国企改制是我们主要的投资模式之一。过去10年，我们参与了26家企业31个项目的改制和投资，有些企业比如中联重科，我们投了若干笔。

这一轮混合所有制改革有什么不同？我认为有以下四个方面。

首先，其高度和重要性都和以往不同。十八届三中全会将混合所有制作为下一步改革蓝图整体设计的部分。实际上，混合所有制并不是第一次提出，十六大就提出过。国企改制也不是新事，国家一直在不断地尝试，政策也是逐步开放。弘毅在10年前就在做国企改制。

而这一轮改革，国家基于调结构、稳增长，特别是继续将改革向纵深发展的要求，其中最重要的内容就是让市场作为资源配置的主导力量，因此国企改制是不可回避的重要话题。根据过去的实践，国家在顶层设计中提出国有企业、特别是充分竞争行业的国有企业进行混合所有制，是优化的出路。

其次，环境情况发生了变化。以往轮次的国企改革，通常是国有企业经营不善，国家资源不能继续贴补支持而进行的改革。此轮改革，目前看所参与混合所有制的国有企业，在经营上都得到了很大的改善，没有出现短期不改就出现大危机的程度。恰恰这时通过顶层设计提出来，企业积极参与，是典型的居安思危，是有远见的，目的是打造在全球有竞争力的企业，在产权明确、体制和机制市场化方面主动走出一步。

第三，在于参与者。以往国企改制，由于中国经济本身发展还在早期，像弘毅这样的专业投资机构都在培育之中。所以，当时改制中容易出现不规范的现象，外资投资机构做的也比较机械，做成的案子真的不多。这一轮改革，国内经过多年的发展，培育了大批成功的民企，也培育了像弘毅投资、鼎晖投资、中信产业基金这些根植于中国、对中国国情十分了解，本土运作又十分规范的参与者。所以，把混合所有制做好、做成的基础也比以往要强。

第四，这一轮改革实际上企业领导人和领导班子也是有动力的。因为他们要面对的是市场化的竞争。随着国家整体市场化的改变，国家给国有参股企业和控股企业隐形的信用背书也必须要越来越淡化。所以这个时候是改革的好时机，很多企业领导人也意识到这一点。

正因如此，混合所有制改革也是弘毅这种公司的重大机遇。弘毅有着10年的经验，国企改制仍然是重点的投资模式，所以我们最近特别忙碌。项目很多，除了不断拓展的项目，也有很多找上门的，且体量都比较大。

记者：那么，在您看来哪些领域更值得期待？

赵令欢：根据弘毅自己对未来中国整体经济发展的研究和判断，结合此前积累的一些行业经验，弘毅会关注以下重点领域。首先，依旧会关注医疗、制药、医用器械，以及医院服务，我们统称为健康服务产业。弘毅成立了健康投资部，有更多的专家专攻这个行业。其次，关注消费品和消费通路行业。随着中国新型城镇化的推进，以及不断的消费升级，这方面非常值得关注。第三，现代服务业行业。包括之前所讲的健康服务，还包括类金融服务，例如现在的互联网金融。第四，文化传媒行业。现在老百姓越来越多地追求生活中的休闲娱乐。第五，新能源、再生能源和环保行业。最后是弘毅之前做了很多，现在依旧看好的装备和现代制造业。在装备方面，除了之前投资的中联重科和中集集团这种大型装备制造企业，我们继续有兴趣外，还有就是环保设备、现代农业设备制造企业。

虽然过剩性行业的国企更急切地需要外面力量进入来帮助其改变现状，这是事实，可能相关项目的机会也会多一些，但是如果不能搞好，我们也不敢进入。

央企方面，特别是现在的央企，经过国资委这10年不断提升管理，加大加强监管，都是好的资产，运作的也不错，从监管的角度，他们是否有动力进行下一步改制？动力的确不足，而且体量也比较大。但这次中央提出混合所有制，有些央企是带头的，比如中石化已开始这方面的尝试，中信也通过借壳倒装的方式进行了重组，都是往市场化的方向走。所以，我觉得央企这轮也会开始做这方面的尝试，弘毅也会积极参与。

弘毅向来讲求合作，在过去与国企改制有经验的中信产业基金，以及其他基金联手合作过项目。这一轮本身项目体量就大，有更多的空间进行联手，大家会结合各自对企业有利的力量，一起探讨合作。（王庆武　文）

煎锅上的俏江南：
资本门前的徘徊

俏江南在资本市场门前徘徊并非个案。全球已上市的中餐企业不过 10 家左右，中餐连锁企业上市之路步步维艰，很多难题连"考官"也没有标准答案，一切都要靠"考生"自我摸索和领悟。中国餐饮企业，究竟要付出怎样的代价，才能与资本市场把酒言欢？

"太大的一场闹剧了！真是一场闹剧！"

2013年元旦假期后第一个工作日，坐在俏江南餐饮集团总部的办公室里，董事长张兰情绪非常激动。灰色丝绒沙发背后是一张放大了的照片，照片里的她身披哈达，面带笑意，周围簇拥着一群僧侣。虽然从小信奉藏传佛教，又刚刚从佛国印度休假归来，可控制情绪显非她所长。

俏江南自2011年3月向中国证监会递交了上市申报材料，历经波折，最终转战H股，并已通过聆讯。漫漫上市路似乎将走到终点。可就在此时，因一起偶然披露的移民事件（一位前员工发现，为了上市，张兰放弃了中国国籍），她陷入了有生以来最大的声誉危机。

声誉，恰是张兰最珍视的财产。这位建筑公司的前员工，用12年时间，带着3个人白手起家，打造出拥有2000多名员工、71家门店、遍布20个城市的俏江南，她表面倔强，内心却渴望得到外界认同，而以她的个性，几乎注定会时常品尝让锋利目光刺痛的滋味。争议总是如影随形，不断有人质疑俏江南管理混乱、资金链紧张，乃至她儿子与儿媳的生活也往往成为茶余饭后的谈资。

4年前，资本的兴趣转向周期性不强的消费领域，餐饮业成为投资热点，俏江南也在此时启动上市之旅，为了上市张兰不惜屡次冒险。但这次打击之后，她开始沉默。"你说我这性格一出去能闭嘴吗？我太了解自己了。现在我任何一句不恰当的话被媒体做成标题都可能把俏江南给毁了。"张兰说自己并不在乎对其个人褒贬，但一谈及俏江南这个品牌，她的紧张溢于言表。"我都快得抑郁症了。"她开玩笑说。

俏江南在资本市场门前的徘徊并非个案。它与已赴港上市的小南国、曾在H股上市的小肥羊，以及以服务著称的火锅店海底捞处在中国餐饮行业同一阵营：能够做到全国连锁，管理较为规范，在一二线城市有较强的品牌号召力，有谈判能力和议价能力，把店铺开在主流商圈内，消费水平为一般公司白领所能承受，以商务宴请及家庭聚餐顾客为主要客源。

但即使是具有一定连锁规模的中餐企业，如果不实现标准化经营，上市依旧很难。全球已上市的中餐企业不过10家左右，在中国A股上市的餐饮企业只有三家——全聚德、湘鄂情以及早年上市且主营业务并非餐饮的西安饮食。

近年来不断爆发的食品安全事件，更让资本市场对标准化程度不高的中餐品牌心存忌惮。但上市对发展到一定规模的中餐企业而言，又是不可回避的问题，廉价的资本扩张动力、扩大品牌的影响力，对餐饮企业而言是珍贵的礼物，有时这像浮士德与魔鬼的交易——它们必须将为此承受比其他行业更苛刻的考量与质疑。

口无遮拦的张兰，开始走进一个游戏规则完全陌生的世界。

俏江南上市之踵

中餐连锁企业上市之路步步维艰，很多难题连"考官"也没有标准答案，一切都要靠"考生"自我摸索和领悟。

张兰曾经踌躇满志，一心要把俏江南做成世界知名餐饮企业。从拒不上市到为上市放弃国籍，张兰对俏江南爱得深沉。"如果不是为了让这家企业上市，我为什么要放弃中华人民共和国公民的身份，到一个鸟不拉屎、气温40多度的小岛？去一次我得飞24个小时。"张兰感叹，她移民的目标不是加拿大，不是美国，而是加勒比海上的一个小岛，几百年前那是海盗生活的地方。

数年前，她对上市的态度可完全不同，2006年下半年在一次主题为"基金投资与上市增值的论坛"上，张兰斩钉截铁地与几名投资人辩论："我有钱，干吗要基金投资啊？我不用钱，为什么要上市啊？"

很多餐饮企业，最初对资本都敬而远之。最终在美国纽交所上市的重庆餐饮连锁企业乡村基，投资人花了数月时间才见到创始人李红，海底捞的创始人张勇同样是个坚定的不上市者。对于一些发展势头良好或者只做区域连锁的餐饮企业，稳定的单店业绩可提供稳定的现金流，创业者并不需要太多投资——开餐馆的人最清楚，"天下没有白吃的午餐"。

2008年成为分水岭，在此之前，很少有投资人对餐饮行业青睐有加。全球金融危机爆发后，餐饮成为肃杀之中 PE 逆市投资的最重要选择。百胜入股小肥羊、快乐蜂收购永和大王、IDG 投资一茶一座、全聚德与小肥羊先后成功上市，给中国内地餐饮业注入一剂兴奋剂。

"这是一个典型的市场大、企业小的行业。"一位业内人士介绍。根据资料，2009年全国可统计的餐饮企业大约有200万家，销售额过10亿元门槛的全国不过26家，中餐企业龙头销售规模不过是家电连锁一个大区的体量。投资人也看到了中国内需市场的增长潜力，市场大、企业小意味着极有可能出现打破现有格局的公司。曾经埋头苦干的餐饮企业突然接到了来自资本市场的邀请。有数据统计，当时6%的餐饮连锁企业引入资本准备上市，72%的企业与多家投行洽谈，许多原本离上市遥不可及的企业突然成为投资人追逐的对象。

引入资本

2008年俏江南中标奥运竞赛场馆餐饮供应服务商，极大提升了它的品牌知名度。俏江南总裁安勇回忆，那时与俏江南规模相仿的，比它规模小的，甚至一些地区性餐饮品牌都想上市。"谁都想获得最好利益回报，这无可厚非，也不用掩盖。"在此背景下，张兰和她的俏江南与资本市场出现交集，只是时间的问题。

终于，张兰在老乡——枫谷投资合伙人曾玉和易凯资本王冉的撮合下，初识了鼎晖创业投资基金（鼎晖投资旗下的投资平台，以下简称"鼎晖创投"）的合伙人王功权，据说两人性格投契，相谈甚欢。这次会面这对张兰而言是非同寻常的时刻——俏江南首次被"明码标价"，而且市场估值高达二十多亿元。

2008年9月30日，俏江南与鼎晖创投签署增资协议中，鼎晖创投注资约合2亿元人民币，占有俏江南10.526%的股权。鼎晖创投进入俏江南之前，俏江南注册资本仅为1400万元人民币，这对一直靠自有资金滚动的俏江南相当于天降财神。投资条款也有所谓的"对赌协议"：如果非鼎晖创投方面原因，造成俏江南无法在 2012 年年底上市，鼎晖江南（鼎晖为投资俏江南在香港方面注册的公司）有权以回购方式退出俏江南。2012 年年底是当初双方约定上市的最后期限，也有香港媒体报道称，俏江南如果无法在 2012 年上市，另一种结果是张兰将面临失去控制权的风险。

彼时，自信豪迈的张兰并不担心。她引进鼎晖创投有"一石三鸟"的用意。除资金之外，张兰还希望借助鼎晖创投的经验，帮助俏江南做软硬件方面提升。而且引入资本，才有可能真正解决激励机制问题，吸引新的管理人才，凝聚团队力量。鼎晖创投和俏江南 2008 年签订的增资协议中规定：各方承诺，协议完成后，向俏江南提供股权激励建议方案，协助俏江南建立健全合法有效的薪酬管理体系及激励约束机制。

鼎晖创投的 2 亿元被用于俏江南的软硬件提升上。据说，俏江南在系统建设上花了 1 亿元，还有 1 亿元聘请了麦肯锡、北大纵横、日本酒店管理公司等许多咨询公司帮助其做管理方面的咨询。

自此，上市便提上日程。但俏江南首次冲刺上市只开花未结果。2011 年 3 月，俏江南向证监会发行部提交了上市申请，同时提交申请的还有净雅餐饮集团，但经过数月都未等来书面反馈意见。等待看起来遥遥无期，粤菜餐企顺峰集团和天津"狗不理"在 2010 年就提出了 A 股上市申请，当时也无结果。

遭遇壁垒

上市悬在半空，有传言说俏江南与鼎晖创投双方亦有不睦的信号。在 2011 年 8 月一次公开采访中，张兰发泄了她的不满，认为引进鼎晖创投是俏江南最大失误，毫无意义，还曾想清退这笔投资，但鼎晖创投要求翻倍回报，双方没有谈拢。此事发酵成"张兰炮轰鼎晖"，而当年的投资人王功权，已于3个月前高调通过微博宣布"私奔"。

在此前后，创业者与投资人之间曾发生过数次撕破面纱的冲突，2010年年底，当当网联合总裁李国庆公开指责投资者之一老虎基金，2011年年初他又舌战"大摩女"。2012年，则发生了雷士照明创始人吴长江与赛富首席合伙人阎焱的对垒。

离2012年中国传统春节还有3天，张兰没有过节的心情，中国证监会披露IPO申请终止审查名单，俏江南赫然在列，这意味着她的A股上市梦终结，此时距鼎晖创投与俏江南签署合作协议已有3年零4个月。汪小菲曾说此次退出并非外界猜测的被证监会劝退，是"等待太久，人心浮动，主动撤出"。

据传在鼎晖创投的催促下，张兰决定转入H股市场。鼎晖创投投资俏江南，4年"没有分红过一分钱"。对于PE而言，4年不分红，压力自然也不小。从投资回报看，转入香港资本市场或许并非最优选择。相同行业，港股相较A股估值更低，可张兰已无足够时间等待下去。

鼎晖创投注入的资金大部分用于扩张前的软件与管理方面的准备，如果不尽快上市，标准化、规范化所带来的人才成本、管理成本将覆盖扩张后的规模效应。俏江南为上市预热，加速扩张，建立起了庞大的管理系统与团队，却陷入一个悖论——若不继续加速扩张，会导致成本过高，管理系统无法充分发挥优化作用，只有把蛋糕不断做大，成本才会摊薄，利润才会增加，但继续扩张又需要大笔资金。

张兰也希望借助资本的力量，建农场、收购油厂、调料厂、整合餐饮产业链，建立自己的食品标准。她说："这当然需要钱，不上市的话你只能像乌龟一样慢慢爬。"上市虽难，但依然是一家餐饮连锁企业可预见的最好融资渠道。

进入餐饮行业之前，小南国总裁康捷曾任贝尔斯登中国区董事总经理，他对资本市场十分熟稔。小南国自2011年开始加速扩张，从36家分店扩大到58家分店。以资金需求论，22家分店总开支约为3亿元，其中一半可通过经营现金流解决，另一半则需要通过外部资金进行补充。

餐饮企业融资渠道相对狭窄，虽然从银行贷款融资成本最低，但大部分餐饮企业主要的不动产都是租赁而来，固定资产主要是装修，都是"贴在别人墙上的"，难以向银行抵押贷款，想要获得银行综合授信，要求餐饮企业本身需已达到一定规模，这决定了大部分餐饮企业很难获得银行贷款。

"我们这个行业没有银行贷款，想做成大企业太难了，你不去坚持，不去管理，不做标准化不可能走到今天，因为全部是自有资金。"张兰说。

本想转入H股市场的俏江南，不料又碰到了意想不到的新壁垒——"10号文"。2006年，商务部、证监会、外管局等六部门联合发布《关于外国投资者并购境内企业的规定》(简称"10号文")，根据"10号文"第11条规定，"境内公司、企业或自然人以其在境外合法设立或控制的公司名义并购与其有关的境内公司，应报商务部审批。当事人不得以外商投资企业境内投资或其他方式规避签署要求"。简而言之，"10号文"颁布前，中国国籍人士在中国有企业，将股权从境内转入自己成立的境外公司，较容易通过审批，而"10号文"出台后，中国公民境内资产转移到自己的境外公司去持有，需要去外管局审批与登记。从"10号文"正式出台至今，还没有一家境内企业经商务部批准，完成"10号文"框架下的标准红筹结构搭建。

为了俏江南上市，张兰使出浑身解数。张兰与俏江南上市团队也曾与港交所沟通，并拜访港交所行政总裁李小加，但未能找到解决之道，最终她想到了移民。

中餐的标准化难题

如果把上市比喻成一场闯关游戏，那么有一关曾经让无数雄心勃勃的餐饮企业折戟沉沙。那就是，中餐能标准化吗？

从资本市场角度看，中国餐饮企业虽坐拥十多亿人的大市场，却是典型高风险行业。因为投资人很难相信，包含八大菜系，厨房技艺工序复杂的中式餐饮，可以像麦当劳、肯德基一样做到标准化。

投资人往往用西方对快餐连锁的要求来衡量中餐企业。如2010年，重庆餐饮连锁乡村基赴美上市成功，业内反应是：震惊。不用说在全国，即使在四川、重庆地区，乡村基也不是实力最强或最能代表重庆菜的餐饮企业，缘何其可以成为整个亚洲地区第一家赴美上市的中餐餐饮企业？美国资本市场对乡村基的评价清晰明了："它像麦当劳。"

这让历史悠久的中餐行业颇为尴尬，"两者难度不可同日而语。我们从菜品看，快餐有多少单品，十几种撑死了，但中餐呢，哪个酒店菜单不是上百道菜，从供应链角度看，这就意味着背后可能有上万种食材，还有十分复杂的供应链。"安勇说。

如果俏江南有上市融资的途径的话，能做更多的事情。店面的扩张可以持续。可以有计划跟一些烹饪专科学校做一些联营，专门给俏江南培养一些学生，能保证企业更持续、更快速地发展——这是人才的稳定。此外还可以做一些俏江南的食品，也可以衍生到其他的快消品产业。

餐饮行业与二十多年前相比，竞争的激烈程度增加了数倍。现在的餐饮业管理，一半要靠系统，另外一半重心还要放在店里。有再好的系统，也一定得到现场去指导，现场的氛围、灯光的亮度、背景音乐大小，乃至洗手间里一个小小的檀香，作为管理者都要关注到。

小南国的上市故事或许更为典型。从成立伊始，其创始人王慧敏就严格按照资本市场的要求设计小南国每一步发展，早在2001年就开始进行中央采购，随后也进行了建立中央厨房等一系列规范管理和标准化试验，后来又为海外上市设计了VIE结构（可变利益实体）。

与俏江南相同，2011年也是小南国扩张最迅速的一年，路演时，康捷被投资者问到的最多问题是："你们比较激进的开店计划，在执行过程中会不会有风险？"2011年9月康捷见投资者时，小南国当年计划基本执行了一半，上半年已有业绩呈现，但投资者对其下半年计划能否实现仍无信心。小南国于2011年9月第一次路演时惨遭失败，直到2012年4月第二次路演后才成功上市。

资本压力面前，中餐企业开始向西式快餐主动学习。借鉴其统一品牌与服务、集中采购与配送等做法。现在小南国集中采购比例高达90%，集中配送比例为70%。"集中采购的好处在于，一是用规模降低成本，二是可以遴选到大的有能力的供应商，从而保证品质。"康捷说。

服务的标准化则更多表现在门店人员言行举止中。"领位的每一个手势、说话的语气，都是经过培训的，都是统一的。"张兰如此描述。而安勇认为，俏江南已建立五个体系：财务管理系统、采购管理系统、ERP（企业资源计划）管理系统、OA（办公自动化）系统、收银系统，这些系统就是标准化重要组成部分。

在最为困难的人才标准化问题上，俏江南等企业也进行了定岗定员的探索。例如，一个厨师，只让他炒5样菜，年年炒，月月炒，到最后，他个人的手感会趋于稳定，这实际也有几分像流水线的工人了。

但是，在菜品是否应该标准化问题上，业内至今分歧极大，这种分歧，也导致了资本市场无法对中餐标准化内涵达成统一认识。

上市企业中，香港翠华餐厅（茶餐厅）、乡村基（中式快餐）、小肥羊（火锅）在菜品标准化问题上有天然优势。小南国作为中式正餐企业，目前在菜品标准化问题上走得最远，而其理念或许已有几分"离经叛道"："大厨师不是小南国的核心竞争力。"

张兰自称将中餐当作艺术，她自己也精通烹饪，"餐饮文化是老祖宗流传下来的，决不能在我们手里失传"。她理解的标准化，更多是管理和流程（供应链）的标准化，而不应该把中餐都变成半成品加工。"我们采购的每一颗西红柿，都可以追溯到是哪棵树上。"

张兰的儿子汪小菲，也与母亲态度一致，"我个人就不是很赞同中央厨房的说法"。他吃过中央厨房做出来的东西，"第一感觉是这样还没有做到100%标准化，第二，它的味道跟食材是分离的"。

安勇觉得，中餐的标准化，本质就是要用工业化工艺流程，改造原来更多依靠人工经验的厨房流程，而康捷对中央厨房看法有所不同，他认为中央厨房主要就生产两样东西：一样是调味料，另外一样是预制的半成品。"很多人可能讲，预制了拿到厨房里，在微波炉里转一转就可以吃了。这样会影响中餐原有的本质，变成快餐了。其实不是这样，这些预制的半成品，没有中央厨房也需要提前一天制作，例如，虾仁需要醒一醒，第二天效果更好。"他称小南国就是把这些预制环节集中到中央厨房，中央厨房从下午开始到晚上工作，然后半夜配送到整个门店，整个配送和物流发生在晚上12点至早上8点。以此来保证调味料与预制半成品的新鲜。

也有人选择绕开这一难题，西贝餐饮董事长贾国龙为了配合标准化要求，让西贝减少"炒"菜，目前西贝菜谱上炒菜只剩8道，未来会将炒菜全部去掉。

中餐企业上市如此困难，以至于行业内都能体会到彼此甘苦，港交所的工作人员就发现，以往内地企业赴港上市，总会收到雪片般飞来的同行投诉信，但餐饮企业间的投诉信却很少。

贝恩资本董事总经理竺稼认为：餐饮业想要做到比较大的规模，走连锁道路，要看到几个比较重要问题——

第一，提供的产品是不是具有足够大市场空间和市场容量。

第二，做连锁，一定要有标准化体系，任何连锁企业都应按照标准化执行，如果每个店都不一样，连锁是没法做的。

第三，中国现在餐饮企业是不是适合上市，能不能上市，要看自己的企业能否做到更大、做到更好，因为只有有增长前景才是股市喜欢的。另外餐饮业一直有个很大的问题，即现金交易很多，确保现金交易过程中没有纰漏，做到规范化是很重要的一点。

第四，投资时不需特别关注上市问题，企业做得好一定有人愿意来买，一定要有长期的竞争力，上市只是一个手段，一个阶段性的事情。具体的每家餐饮企业估值有自身原因，市盈率低是因为市场认为只有这么低的价格才能够给投资者带来足够的回报，价格的确定说到底是因为这个原因。

第五，上市不是唯一的路径，餐饮企业未必要快速发展，有些企业适合高速，有些却不一定适合。

第六，并非高档餐饮企业就一定是赚钱的，低档的就一定是不赚钱的，要看自己的持续盈利能力有多强。

遭遇管理天花板

俏江南有明显的创始人基因，代表公司的 LOGO 是京剧脸谱，有种机智、勇猛、坚韧的神态，这恰是创业初期张兰的风格。

她时常有力排众议的大胆之举，如将原本随处可见的川菜这一流行菜品，向中高档餐饮服务中高端商务人士的方向发展；张兰曾说，她从想法到做法，常以迅雷不及掩耳之势推行，甚至连内部员工都觉得"跟不上她的脚步"。她还在国内第一个引进"透明厨房"，并通过现场表演，把菜品表现艺术化。

初战告捷，张兰自信心大涨，她摈弃了先做区域连锁再布局全国的定位，一开始就立志要做全国连锁，许多与它同时起步的餐饮品牌，至今仍是区域连锁龙头。

但扩张到第 6 年（2006 年），俏江南门店规模超过 20 家后，张兰与管理团队遭遇了管理天花板。

安勇是张兰一起创业的老搭档，刚过 40 岁，却已在餐饮行业摸爬滚打近 20 年，早年曾在香港酒店跟着师傅学习如何摆千人酒席，后来又被张兰送到各大商学院学习深造。他外形时尚，但缓慢的语速让他显得沉稳。他回忆，当时最大问题在于如何实施有效的"远程管理"。

和很多连锁餐饮企业一样，俏江南当时也采用"弱总部、强诸侯"的放权式管理，"就像赛马一样"。彼时，各地分店店长总权力很大，大家都比着向前跑，一方面拉动了公司整体发展，可负面效应也出现了。发展早期，由于既有直营店，也有加盟店，有些俏江南门店之间距离比较近，为了保证自己门店的业绩，店长会挖空心思揽客，甚至擅自推出促销优惠，将其他俏江南门店的客户吸引到自己这里来。

俏江南虽也有总部,租了办公室,有部门门牌挂在墙上,但并未与下面二十多家分店构建起真正的管理关系,管理模式主要依靠张兰和几名核心管理者的勤勉——通过个人巡店来进行流动式管理。"一家店、两三家店的时候可以这么做,但是等到二十多家店分布在不同城市的时候,就不能够光靠勤劳了,人都是有带宽的。"安勇回忆。

张兰也意识到,各自为政的苗头发展下去,所谓的连锁经营名存实亡。她时常外出去商学院上课学习,希望可以通过努力学习来破解自己的管理瓶颈。但如今,她迫切需要通过企业外脑公司,寻找解决管理瓶颈的密钥。2006年年底,她邀请了和君创业作为咨询顾问,做管理架构系统梳理。当时刚刚装修完的兰会所还处在试运行阶段,装修华丽、贵客盈门,而张兰不惜拿出一间办公室让项目组成员驻地办公。

虽诚意可嘉,但俏江南乃至张兰自己,需要彻底改变的不仅是有形的制度,也包括无形的思维方式。在2006年年底俏江南项目启动仪式上,负责俏江南项目的组长韩铁檩(现任和君创业的副总裁)和同事精心准备好了PPT,拟按照一般咨询公司的规矩,用PPT向张兰介绍项目方案,但接下来的事情让他们颇为尴尬,张兰摆摆手说:"这里没有投影仪,不用搞那么复杂。直接说吧。"

经历半年多的驻扎和接触,韩铁檩感叹:"她(张兰)其实有意识要做管理体系,但对怎么做并不清楚,我们跟她提到很多东西,她都没有做过。"

"那是俏江南很生涩的第一次管理提升。"韩铁檩说。他也指出,张兰早年靠个人勤奋就可以实现对二十多家门店的管理,其模式本质是"人情管理"加"强势管理"。

韩铁檩吃惊于自己看到两个不一样的张兰:这个女人很强势,做问题决策时，就是靠直接指令、不需要民主；她对一个问题的看法，就是公司的游戏规则。例如，张兰自己工作起来简直是拼命，她对下属亦如此要求。每到大年初一，张兰自己在一线，也要求厨师长必须出现，如果没有在场，张兰会立刻开除此人。另一方面，张兰又有女性特有的人情味，逢年过节会邀请员工父母来北京度假，很多看上去还是小女孩年纪的员工，会亲切叫张兰为"妈妈"。

但当店数继续扩大后，此模式就把控不住了。100家店，上千名员工，很多人都没有见过张兰，情感要素就没有力量了，必须有科学的员工评价体系。俏江南由此开始尝试理顺总部与分店之间的关系，制作各店统一的管理模板和标准，以及人力资源管理制度。

双女性配搭管理

2010年7月，一名女性董事长加一名女性CEO的配搭，让俏江南成为媒体的焦点。成为俏江南CEO之前，魏蔚曾是麦肯锡全球董事合伙人，双方相识两年多，她还曾担任俏江南的管理顾问。

没有选择自己的亲生儿子汪小菲，也没有选择跟随自己多年的老部下，而选择了一名从未在餐饮行业有任何经验的咨询行业人士作为经理人，这一决定让内部人也觉得吃惊。"她没有那么复杂的裙带关系在企业里面，也没有家族可言，就一个儿子汪小菲，这与很多私营企业很不一样。"知情者说。

张兰很决绝。在2010年3月16日，她将俏江南4.7%的股份，以1508万元的价格转让给了魏蔚为法人代表的远腾投资有限公司。若上市成功，以鼎晖创投投资俏江南时给出的 20 亿元估值来计算，4.7% 股份价值为 9400 万元，相当于张兰向魏蔚让利近 8000 万元。可见，求贤若渴时张兰不太计较成本。张兰给予魏蔚的激励，超过了和她一起创业的安勇与史海鸥。魏蔚就职第一天，就有两位高层辞职。员工们当时感觉到，张兰有意识将舞台让出来给魏蔚施展，例如张兰自己每天必到公司的习惯改为每周或两周来一次。

"草根"出身的张兰如今妆容精致，服装考究，经常出入各种上流社交场合。2007 年在保利秋季拍卖会上，她曾以 2200 万元拿下中国当代著名画家刘小东的《三峡新移民》。不过，这也视为其个人形象包装的一部分。日常生活中，张兰却有些"抠门"，长期舍不得花钱请专职司机，出国坐飞机总是经济舱，虽然倡导精品饮食，但她中午有时就坐在宽大的办公室内吃自己做的白菜豆腐。俏江南一位前任高管说："她这个人能把一分钱掰开使。"

一旦踏上上市这趟无法停止的高速列车，将为此付出多大代价已很难掌控。俏江南和张兰的故事将是中国企业家在面对上市大考时，命运最为曲折的样本之一。俏江南的故事还在继续，它带来的思考也将继续下去。

（伏昕 房煜 文）

/ 附 文 / **梁伯韬：重整俏江南**

CVC（Capital Partners）大中华区主席梁伯韬，温和、不露锋芒，话语间释放出浓浓的港范儿，而与其温雅的面相并不相称的是，其犀利的投资风格以及强大的市场能力。

在梁伯韬的领导下，CVC 近年来在中国市场动作不断。在中国，其先后完成了大娘水饺、启德教育等项目的投资。而更值得一提的是，在整个餐饮行业的弱势行情中，拿下另一话题企业——俏江南的多数股权。至于价格，明眼人可以想见。

餐饮业是 CVC 看好的，作为大股东，对业务本身要有深刻了解、对业务方向要有清楚的定义。这一方面 CVC 和张兰及管理层的认知是一致的，这也是为什么 CVC 投资的重要原因之一。大家希望把俏江南这个品牌的潜力充分发挥出来，在品牌的多元化和品牌本身的受众群体上，做一些调整。

在成熟商圈开店培育期低、回报时间短，这是 CVC 和张兰在大力做的事情。俏江南的发展方向，仍然是向二三线城市下沉，在成熟的商圈开店，开更多的标准店。以前开店一个城市只有一家店，就去另一个城市了，难有协同效应。在已经有俏江南的城市的成熟商圈开新店，等于一个城市有两三家店，这在人员培养、供应链等方面都容易把协同效应发挥出来。

关于整体的运营，梁伯韬可以从 CVC 的角度给俏江南的管理层一些经验与分享。第一，人才的吸引。CVC 这样一家专业机构对专业人士的吸引力更高，他们会设计和业绩挂钩、有一定吸引力的激励机制。餐饮业是有关人的行业，把人的潜在能力发挥出来是要很大能力的。第二，运营上的优化。与同类品牌比，如何在成本上更加优化，在战略上从更高的角度指导管理层在多个城市的扩张，甚至是多元化的扩张是CVC重点要做的。此外，在财务管理上的专业提升当然更是重点，这是CVC作为财务投资者最擅长的领域。

在梁伯韬看来，俏江南的管理团队在张兰多年的培养下是非常有经验的，对行业的把握也比较准确和到位，在目前比较有挑战的环境下，他们也采取了很多组合拳的打法，而非被动地等待市场变好。比如，俏江南利用品牌知名度，对品牌的期待做了一些调整。俏江南的许多活动，将之前不在俏江南吃饭的人都吸引了过来。公司本身早就在很多方面有很严格的措施，无论是食品安全、集团采购、店面人员的培训，这些早就形成了成型的体系。

中国市场很大，俏江南在全国的覆盖还没做完，还有很多空间，未来俏江南会选择继续开店，进行横向发展。另一方面，虽然俏江南品牌本身还有潜力发展，但也要创造新的品牌，或去收购、整合新的品牌。因为无论什么品牌都有它的生命周期，不能仅依靠一个品牌去发展。目前，除餐饮，俏江南还有一些辣酱、宫保鸡丁的料包等产品。这些是他们利用自己的品牌知名度做的拓展，能够更加深化品牌的知名度。

因为俏江南的中端定位，也让它有很多发展的潜力。消费者有吃正餐的商务人员，也有外出休闲就餐的人。现在已推出的附加产品都是锦上添花的，在成本和人工上对业务没有负担，纯粹是销售收入的增加。（赵娜　文）

盛大文学资本往事：
IPO 之路何去何从

随着吴文辉转任腾讯文学 CEO，重新勾起人们对盛大文学的资本往事的记忆。2012 年—2013 年，盛大文学两次启动上市计划，因为估值问题，IPO 未能如愿。2013 年，盛大文学获得高盛、淡马锡等 1.1 亿美元融资，能否改变资本市场的看法？在经历一系列内部动荡之后，面对互联网巨头的围追堵截，盛大文学昔日辉煌能否继续？

2013年4月16日，腾讯文学以腾讯控股子公司亮相，而此前一直保持神秘的管理团队也首次公开亮相。没有出乎太多人的意料，CEO是由一年前从盛大文学有限公司（以下简称"盛大文学"）出走的吴文辉担任。

尽管种种迹象表明，腾讯管理层给予这一空降团队以更多空间，但在腾讯互娱战略发布会舞台上，吴文辉还是"略显紧张"。

时至今日，让人记忆犹新的是，一年前盛大文学起点中文网创始团队的集体离职事件。吴文辉曾表示，主要矛盾集中在盛大网络集团（以下简称"盛大"）将文学作品的分销及衍生品权益等划归集团，但负责团队并不是很懂传播，致使运营不利，同时错过了移动互联网浪潮的大好机会。那么，腾讯文学的平台，能否帮助吴文辉实现"网络文学的梦想"？

而对于盛大文学来说，在经历一系列内部动荡之后，面对互联网巨头的围追堵截，其能否继续昔日辉煌？在资本运作层面，2012年—2013年，盛大文学两次启动上市计划，但因为估值问题，IPO两次折戟。2013年，盛大文学获得高盛、淡马锡等1.1亿美元融资，私募巨头的背书，能否帮助盛大文学圆梦？

2013，人事地震

对于盛大文学而言，2013年是极不平静的一年。一方面是后院起火，年初起点中文网创始团队出走；随后宣布撤回赴美IPO申请；年底又遭遇"六年老臣"侯小强告病离职。另一方面是外有追兵，互联网巨头相继围剿。内外变局之下，盛大文学在文学领域的霸主地位岌岌可危。

一切还要从2004年说起，这一年，盛大网络上市。盛大网络董事长兼CEO陈天桥为了实现将盛大打造成为全球最大娱乐公司的目标，在同年10月，收购起点中文网正式进入网络文学。起点中文网创始人吴文辉及团队在收购后并未退出，而是变身为职业经理人，依旧保持着对起点中文网的绝对经营权。

2008年7月，盛大又收购红袖添香，并在之前分别于2004年和2007年年末与收购的起点中文网和晋江原创网一起作为基础，成立盛大文学有限公司，时任新浪网副总编的侯小强空降成为盛大文学CEO，起点中文网董事长吴文辉则成为盛大文学总裁。

之后在2009年12月到2010年3月，盛大文学接连收购榕树下、小说阅读网、言情小说吧和潇湘书院4家文学网站。2010年，为更精于产业链布局与执行，侯小强提名吴文辉再次担任起点中文网董事长，而盛大文学董事会则由陈天桥、邱文友、侯小强三人组成。

2013 年，盛大文学遭遇的第一场地震就是吴文辉团队（包括起点中文网的几大创始人、一部分中层骨干编辑和知名作者等）的出走。有分析认为，吴文辉选择与盛大文学分手，除寻找自我，更多的还是利益使然。

如果将作品的内容创作称为上游，那么将内容改编游戏、影视剧、漫画等一系列版权衍生就是下游。据了解，在目前的盛大构架中，用户原创内容（UGC）生产均由起点中文网这样的子公司负责，移动互联与版权衍生则由盛大文学管控。在盛大文学营收的快速成长中，除文学网站主体之外，最关键之处就在于移动互联网和版权衍生。

有业内人士指出，这种商业模式在战略上难免会出现母子公司的利益对峙，由于盛大文学拥有起点中文网的无线运营权、影视剧衍生运营权和第三方合作运营权，这让起点团队似乎除了卖电子书其他几乎什么都干不了。

上述人士说："看着自己一手创办的起点每年给盛大赚无数的票子，而且这票子还在每年持续地增长，却与自己没有太大的关系，这其中的滋味，定然不好受。"

起点团队离职风波后，各类攻击言论直指侯小强。有媒体还从管理、员工福利、危机公关等方面对侯小强进行了批判。盛大文学撤回在美 IPO 计划，侯小强也为此背负了一定的责任。巨大压力之下，选择告病离职，也在情理之中。

侯小强曾坦言，盛大文学是以资本为纽带的一家公司，既有资本的要素，也有职业经理人与创业者的分歧，这是个十分复杂的管理模式。

"这么多子公司，每个子公司都有创始人，还有一大堆职业经理人，有草根、有所谓的精英，有北方人、有南方人，有老人、有新空降的人，办公地点也分布在几个不同的地方，它的这种错综复杂是超过别人想象的。"

尽管通过并购可以让一家公司迅速扩大版图，但是任何以资本串到一起的公司，要想融合并协同发展都非易事。整个文学产业链很长，盛大文学要让十余个子公司之间相关有序流转并创造价值，更是难上加难。此外，网络文学的创作充满很多不确定性，读者喜好也是众口难调。盛大文学如何插手起点等网站的具体运营，成为管理上的一大难题。

作为盛大文学CEO，侯小强给自己定位则是"服务者"，"我从来不去各个子公司给人指手画脚，我就是一个服务者"。但在一些曾经的盛大文学员工眼里，这种定位的劣势是难以介入到各子公司具体的内容生产领域，导致最后管理上各个子公司的放任自流，优点在于令子公司能够专注内容生产并野草般生长。

总结侯小强的"施政"策略：一是多渠道去做产业链，这包括与运营商的合作以及线下出版，二是让品牌迅速崛起，并把收入规模快速做大。2008年盛大文学营收仅4000万元，而4年之后，已经突破10亿大关。2012年第一季度，盛大文学开始盈利。

在陈天桥的心里，对构造完整内容产业链的梦想是一直没有断过的。盛大文学整个团队在盛大内部扮演了一个十分重要的角色，侯小强离职后，现任盛大网络CEO邱文友临危受命。

邱文友于2004年—2009年曾任职于美银美林，负责数字新媒体产业（TMT），2009年后，他加入野村证券，担任TMT全球联席主席。参与中国TMT行业收购兼并等项目，包括新浪、巨人网络、盛大互动娱乐、盛大游戏首次公开招股，以及盛大互动娱乐私有化等项目。

在陈天桥看来，"Robert(邱文友)的这些经验和人脉，对于正在积极寻求从互联网娱乐公司转型为互联网控股型集团的盛大网络来说是非常宝贵的。对于集团控股下的各个业务公司的日常管理和资本运作也将带来极大的帮助。同时，Robert 还将全面负责集团的海外业务拓展，积极执行集团制定的海外战略。"

对手，来势汹汹

在数字阅读领域，盛大文学拥有 7 家网络文学站点，1 家拥有 800 亿字内容储备的云中书城，另外还有 1 个"锦书阅读器"，从内容到介质，一应俱全。作为一家文学产业链公司，盛大文学旗下还拥有华文天下等 3 家出版公司，并成立了自己的编剧公司，内容辐射到游戏、影视等多种下游形态。

但是，在面对腾讯这样拥有数亿微信用户的移动渠道之王时，盛大文学再也不是那个能在文学领域找不到竞争对手的霸主了。

吴文辉团队从起点中文网带走了数十位编辑和上百名优质作家，对盛大文学造成的影响可以说是伤筋动骨。当时就有分析指出，吴文辉和起点部分核心编辑的出走将导致网络文学内容的分流。在这之后一批最核心作家和内容，将以何种方式与盛大文学之外新的强大渠道对接，直到这些内容将会在整个文学产业链条上如何以不同于盛大文学的方式向下演变，大家也在观望。

2013 年 5 月 30 日，由原起点中文网创始团队操刀的创世中文网上线，并宣布进驻腾讯文学开放平台。与此同时，百度推出了多酷文学网，开始全面进军网络文学；新浪悄然拆分读书团队，成立文学业务公司；完美旗下的纵横中文网也开始发力移动端阅读的推广。

如果说盛大的文学版权变现主要依靠外部消化，而腾讯在内部就可以消化掉很大一部分。腾讯文学在腾讯内部的战略地位也很明显：腾讯文学划归到腾讯互动娱乐中心，这是腾讯除了网游之外最受重视的战略级业务。

百度对于网络文学可谓势在必得，聘请在线休闲游戏网 7k7k 前总裁孙祖德出任多酷文学网 CEO。2013 年 12 月 28 日，完美世界发布公告，称已与百度达成最终协议，以 1.915 亿的价格售出旗下纵横中文网。至此，百度在网络文学领域的布局已经颇为完整——纵横中文网、91 熊猫读书、多酷书城、百度文库，全面覆盖手机端、PC 端以及 WAP 端。

面对巨变，盛大文学自我改制的新政策，制定了开放战略，分为两个部分，一是平台开放，以盛大文学旗下起点中文网作为开放承载平台，让作者自主上架销售，包括自主决定上架、自主站内站外促销并同样享有分成和奖励；二是重塑起点中文网作者收益模式，新政策下起点中文网将把所有的订阅费用，在除去渠道费（包括 3.6% 的营业税和约 7% 的充值折扣）后，全额支付给作者。

有业内人士认为，现在真正具有娱乐王国雏形的不是盛大，而是腾讯。其游戏业务已经占据市场半壁江山，视频、影视、文学方面的布局也可圈可点。反观盛大，陈天桥的文化产业链布局由于整合不力，高管纷纷离职。除了文学，无论在游戏、视频还是影视领域，离行业领先者都还有一段不小的距离，目前，盛大文学的营收方式主要是用户付费、版权收入以及网络广告，实现从网络文学到影视的跨越是其成长的一个关键。

IPO 之殇

早在 2011 年 5 月，盛大文学就向美国证券交易委员会 (SEC) 提交 IPO

申请，计划在纽交所上市。拟上市融资的金额为 2 亿美元，估值超过 10 亿美元，其中相当一部分融资要用于偿还盛大网络的贷款，可是据知情人士透露，在与华尔街的沟通中，各投资机构开出的价码远低于盛大的估值，IPO 计划落空。

2012 年，盛大文学再启上市计划，由于资本市场环境不佳和中国概念股问题的负面因素，盛大文学的估值不升反降。5 月，Orbis 旗下基金用 1500 万美元购买了盛大文学 1.875% 的股份。

此后，盛大文学虽未积极推进，但也一直并未放弃上市。邱文友空降盛大，就曾被外界视为盛大文学重启 IPO 的信号。内部消息称，2013 年 4 月，盛大文学曾计划赴美 IPO，还是由于估值问题，使得陈天桥的算盘打破。

有分析认为，作为先锋军的盛大文学，陈天桥仍然没有找到能够将其推销到西方资本市场的方法。网络文学不是华尔街能够简单读懂的游戏，美国的网络小说，是直接进入亚马逊的 Appstore，通过低价的方式提供给 Kindle 的用户群付费阅读，在此环境下充当中介的承销商平台并无生存机会。华尔街无法对盛大文学的估值有所提升也在情理之中。

"当一家公司的核心资产是约为三百人（起点中文网的龙头作者）左右的写手团队，而这群团队与企业本身又非雇佣关系，那么这里面的不确定因素就太多了，按人头价值来注入资金，美国的投资机构没有见过这样的玩法。"这是华尔街一贯的谨慎作风。

据悉，当时投资人对盛大文学的"人事地震"突发事件比较担心，除了额外做了很多尽职调查，还找了离开的人进行了访谈，甚至跟出离团队新的投资方也做了访谈。

盛大文学原本计划上市最多筹资 2 亿美元，不料赶上了中国概念股最惨淡的时候，即便是由高盛和美银美林这两家叱咤华尔街的投行做主承销商，盛大文学的路演还是以惨淡收场。

2011年7月，盛大文学更换主承销商之一的美银美林，中金进场。高盛和中金搭档，继续帮盛大文学进行路演。但是整个中国概念股窗口期迟迟都没有解封，到2012年，情况变得更糟。

据传闻，陈天桥引入中金的目的，是为了将盛大文学出售给凤凰出版集团。"当时，桥哥开价50亿人民币，还是差不多8亿美元的估值。可惜的是，凤凰直言太贵没有买单。"

2012年5月，盛大文学提交的F-1文件中，高盛已经不在主承销商的名单之列，而美银美林又光荣回归，而且是唯一主承销商，中金变成了副手。

美银美林重做主承销商的同时，邱文友出现在了盛大文学三个董事席位中，位列董事长。

高盛则和盛大文学达成了另一项交易。高盛的PE部门按照6亿多美元的估值，购入盛大文学20%的股份。

这次私募融资由邱文友主导。这是盛大集团首次引入外部PE。投资方包括国际投资机构高盛及淡马锡。在盛大文学前三轮融资过程中，均由母公司盛大提供现金贷款。

据了解，在高盛和盛大文学谈判时，原起点中文网创始人吴文辉及其团队曾向陈天桥提出过起点MBO（管理层收购）计划，具体做法是：引入外部PE，拟4亿～5亿美元回购盛大集团手里的起点股份，独立运营。但这一计划进展得并不顺利，问题依旧在于价格。陈天桥的出价仍是8亿美元。这个估值也是整个盛大文学公开IPO时的估值。而最终，吴文辉及其管理团队选择了出走。

得外部融资的好处在于：一是依靠高盛注入资金，重新获得稳定的市场估值，在"吴文辉团队出走"事件之后重振外界对盛大文学的信心；二是高盛拥有强大的背景，丰富的上市经验，以及美国资本市场的高度认可，它将能为盛大文学赴美 IPO 提供强大的支持。

盛大文学对淡马锡的考量在于：淡马锡是世界一流投资机构，管理几千亿美元资金，在中国投资了很多互联网企业，对中国环境非常了解。"熟悉桥哥的都知道，他常年生活在新加坡，现在盛大集团的一个很重要的战略路径就是海外。未来可能会把东南亚作为文学模式输出的第一个试点。作为新加坡最大的投资机构，淡马锡无疑在这个计划中会扮演更多角色。"

2013 年 7 月，盛大文学通过私募融资总计 1.1 亿美元，让资本市场恢复了对盛大文学的信心，为盛大文学再次冲刺 IPO 提振了信心。

几乎在同一时间，盛大文学进行了一次大规模裁员，云中书城被裁人数规模在 50～60 人，占云中书城员工总数量的 80%。

此次盛大文学业务调整后，云中书城和起点读书移动端进行全面整合。其中，将云中书城和起点读书两个 App 合并，解决双方资源重复等问题。

盛大文学另一项工作是内部股权架构的调整。盛大文学是投资控股公司，对旗下很多子公司并非完全控股，这势必影响到盛大文学上市后的估值。盛大文学希望在与业绩挂钩的条件下，逐步将旗下非全资拥有的分/子公司透过股权置换变成 100% 控股。这项工作由盛大文学 CFO 梁晓东负责，目前工作已完成。

邱文友指出，盛大文学此次私募融资跟 IPO 没有绝对关系，高盛、淡马锡并不希望盛大文学太早上市，而是希望盛大文学拿着这笔钱做出效益，一两年后再去上市。"我个人看法是故事好且不缺资金的公司实在不必要在大势不好的情况下勉强委屈地上市。我可以跟大家说的是，只有在资本市场给中国概念股企业公平对待时，那才是盛大文学上市之时。"

何去何从

自1998年第一部原创的网络文学诞生起，网络文学经历了十几年的演变。2002年之前，大量文学网站还是奄奄待毙，直至2003年10月，起点中文网开发出在线付费阅读"微支付"模式，一举获得成功。如今，在资本的助推下，网络文学从春秋到战国，已经是一门成熟的生意，是另一种模式的"屌丝经济"。

盛大文学目前的利益格局基本分为三块：一是PC互联网收费阅读；二是云中书城和锦书阅读器；三是网络文学的版权延伸。

在传统PC时代，盛大文学在内容和渠道上的强大地位，有目共睹。但随着移动互联网技术的不断升级，导致两个重要变化出现：一是新渠道的不断产生，二是用户群需求的变化。

网络文学读者由PC端转向移动终端的趋势已经非常明显，从流量上来看，盛大文学旗下的几家网站在2012年纷纷遭遇了流量增长缓慢、覆盖人群较少的问题。自有移动终端上的用户，在PC时代，已经对网络文学有所了解，只需要试验出好的、适合移动互联网的内容，ARPU值（每用户平均收入）就会增加。

盛大文学的挑战在于：首先，是阅读体验，随着人们阅读的方式从PC向手机迁移，一旦盛大文学做得不够好，这部分用户的第一触点就会向别转向别处。第二，iReader掌阅、91熊猫看书、QQ阅读、塔读文学等基于移动端的阅读软件将盛大的云中书城、起点读书等应用挤得几乎没有市场。第三，盛大的整个付费充值体系未能打通第三方支付，商业模式难以顺移。

有分析认为，盛大电子书迟迟无法打开移动互联网的入口，其实是盛大文学移动化中最具争议的核心，也是运营理念分歧的关键。原本盛大文学做云中书城，是为了打包天下所有网络文学，这个设想本来很好。但执行起来，变成云中书城直接管理起点中文网、红袖添香、小说阅读网这些网站。这些网站的负责人，本来跟电信运营商有合作，每年运营商给他们几百万元的分成。但云中书城统管这些网站后，就由云中书城的人去跟电信运营商去谈合作，起点中文网、红袖添香、小说阅读网这些网站的作品都给了云中书城，变成云中书城的 KPI，这意味着这些网站要分出不少的美食给自己公司内的"非竞争性对手"，网站负责人自然不乐意。但各网站的负责人也不能不听从公司的安排，于是就慢慢给，催一催，就给一点，但最好的作品还是留在自己手里。

而支撑盛大文学成长的中国移动阅读基地，成长空间主要倚仗中国移动的广大用户，在没有新的模式之前，这一渠道其实也很难看到持续爆发性成长空间。更何况，这也并非盛大文学自己的渠道。这些问题，都在制约着盛大文学移动端业务的发展。

此外，另一个明显的趋势是写手生态的变化。网络文学的写手，会因为盛大和腾讯的竞争获得更高的"估值"。

作家与平台之间的矛盾，究竟是谁更依赖谁？在盛大文学旗下网站独大的年代，作者也承认自己是依赖平台的，然而，一旦盛大文学无法垄断市场，新的竞争者进入并提供优厚条件，作者考虑选择新的竞争者也不足为奇。

有评论就曾指出，作者地位的逆袭，让盛大文学陷入还未赚钱、又要多掏钱的困境。在宣布融资消息的同时,盛大文学将作者收益分成从50%提升至100%,这种自残战略让盛大文学的现金流再度吃紧,而且势必考验盛大文学的运营团队在挖掘作品延伸价值上的功力。

文学是整个文化产业链条中最为上游的部分,除了直接产生价值之外,还可以有非常多样化的版权衍生和二次价值变现方式,这也是盛大文学盈利模式的根基。

以起点中文网为例,签约作者的作品会发表在公共阅读区,一旦点击率达到一定数量,网站编辑便与作者取得沟通并签约,将作品移往VIP区,读者想继续阅读,则需按每千字2~3分钱的价格进行付费,而且付费方式可透过盛大游戏点卡扣抵,依作者的人气,通常一部小说付费部分正常为1/2,最少也有1/3。

版权是可以多维度,并反复地变现的。单电影改编这一项,卖给影视公司改编的剧本只是变现的第一轮,作品制作完成还可以多窗口售卖,如院线、DVD、电视台、视频网站等。近一两年,大量热播影视剧其实都源自盛大文学,比如电视剧《步步惊心》《甄嬛传》《裸婚时代》,电影《失恋33天》《搜索》等。

盛大也设想过把盛大文学的文学作品改变为游戏、动漫等形式,形成协同效应。不过,这个设想很好,但真正操作起来很难。

对于文学作品的二次开发,改编游戏和动漫这种形式,市场上还是存在不小的疑问:看似是对同类型消费者族群的拓展,但是前者开发周期较长,盛大游戏迄今为止也只将《星辰变》和《鬼吹灯外传》两个小说成功改编成网游;而后者则是一个更不成熟的市场,即使雄如《盗墓笔记》,在动漫化的进程上同样接连受阻。

此外,盛大文学的小说都是连载形式,作者常常写很久都不会收尾。

但要改编成游戏和电影，则要有环节、有结尾，推出时间也要及时。因为如果不能趁着小说还有热度时赶快出，其宣传效应就会弱很多。

而且，盛大文学本质上是一个用户产生内容（UGC）的网站，指望一个用户自发写的文学，恰好有一部分适合改变成电影或游戏，然后由编辑选出来，交给相关部门去对接，这是很难的。

如 Youtube 网站，原本是一个主打用户上传内容的网站，现在也要跟有线电视网合作，因为后者知道用户喜好；谷歌现在大量收购创意工作室，这不是它要自己做工作室，而是要告诉这些工作室做什么内容。盛大文学要想有协同效应，就要提前介入产业链，引导作者写一些题材，在还在连载时，就考虑好要不要做游戏，或改编影视，并联系相关的公司来对接。

但这需要一条成熟的产业链，显然盛大文学没有这样的产业链。如果不自己参与电影、游戏的制作，那盛大文学就是卖版权。这样看，这个公司最值钱的可能就是它有大量作品的版权。

侯小强曾对盛大文学作了如下定义：文学产业链公司，包括一个中心，由技术和 UGC 产生内容；两个基本点，版权衍生和移动互联网。

一位业内人士如是分析道："两个基本点，大体来看版权关乎文化，移动互联网则是互联网技术。版权的事盛大文学一直做得没有太大问题，可最后的落脚点仍然要回到移动互联网，如何面临新兴渠道挑战、搭建自己的生态系统，这将是决定盛大文学未来空间的重中之重。"（冯珊珊　文）

/ 附 文 / "帝国"消解 盛大"变形"

作为盛大曾经最重要的左膀右臂,盛大文学日前敲定出售事宜。媒体记者就此向盛大高级总监诸葛辉确认后得知,盛大引入了新的战略投资者收购盛大文学,而非腾讯。对方是一家非上市公司,是否公布细节以对方意愿为准。

2004年开始,陈天桥开始进行"网络迪士尼帝国"的战略布局,投资在线对战游戏平台运营商上海浩方在线信息技术有限公司,收购棋牌休闲游戏开发运营商杭州边锋网络技术有限公司,随后又收购起点中文网,游戏开发商韩国Actoz公司以及视频网站酷6的控股权。一系列的收购运动之后,盛大"网络迪士尼"的布局趋于完整。"这恐怕是国内最完整的一个跨越娱乐品类和媒体平台的布局了。"易凯资本CEO王冉彼时如是评论。

2011年5月,欲申请上市的盛大文学,因估值问题一度搁浅。2012年,邱文友空降盛大,出任集团总裁兼盛大文学董事长,被认为是盛大文学重启IPO的重要信号。但是邱文友在对2013年资本市场估值时多次流露悲观情绪:"任何一次融资的价格都会受到当时整个大环境的影响,目前对中国概念股的悲观情绪不可避免地会反映到我们做私募融资的价格。"

最终经历了"起点风波"的盛大文学选择接受高盛、淡马锡等1.1亿美元的融资。此后,关于盛大文学将被出售的传言不绝于耳,在接受记者专访时,邱文友回应称:"上市的目标没有变,但是短期内不想被分心。"另外他向记者透露,陈天桥对于他的关键绩效指标考核"会集中放在盛大文学的保值和增值上"。现在回头来看,几番上市未果,遭遇"起点风波",后有腾讯文学虎视眈眈,选择出售盛大文学,更符合陈天桥资本运作的风格。

另外一方面，作为盛大曾经最重要的造血机器——盛大游戏，陈天桥也选择了慢慢放手。2014年9月，尚在私有化之中的盛大游戏股权发生重大变更，盛大（含春华资本）在盛大游戏中的占股从76%降至18%，仅列第三大股东。

对于一系列的"巨大变化"，诸葛辉回应称，盛大出售酷6股份到盛大游戏、盛大文学的一系列变化，并非割裂的行为，无论是境外资本市场还是国内资本市场，都已经看到了文化娱乐产业的新机会，并且在陈总看来，这个时机已经到来。

即使如此，陈天桥曾经一手缔造的"网络迪士尼帝国"逐步瓦解却是不争的事实。其实只需稍加留意就能发现，盛大已经在官网上更改了"身份说明"——"来自互联网文化领域全球领先的投资控股集团"。对于外界而言，当年那个借助《传奇》起家的游戏帝国音量已经越来越小，取而代之的是陈天桥布局多时的资本世界。

诸葛辉同时向记者确认，盛大将转型为投资控股集团，投资形式包括私募股权投资、风险投资、不动产投资及对冲基金。

据诸葛辉透露，事实上，盛大的转型方向从2009年开始已在内部确定。久未公开露面的陈天桥也在2014年一次公开露面中表示："2009年游戏上市……我们面对是一个个相继把游戏、文学等产业做出来、无穷无尽地重复下去，还是把自己转型成为一家投资控股公司的抉择，最后我们决定应该转成一家以互联网创新为核心的投资控股公司。"

盛大资本管理合伙人朱海发曾对外透露，从2002年开始盛大资本即开始不断加码投资，截至2011年的10年间，盛大资本投资了一百四十多个项目。据诸葛辉介绍，盛大资本10年来累计完成各类投融资项目过百，其中包括格瓦拉、墨迹天气、动漫网站有妖气、阿芙精油、P2P理财第一门户网贷天眼，等等。"作为VC，盛大资本比较集中地关注TMT和互联网金融领域,格瓦拉即获得盛大资本 200 万元的天使投资。一些好的 PE 项目也会从 VC 的投资积累中挖掘出来。"

另外一方面,金融也将是陈天桥在资本世界关注的重头戏。"盛大资本已经累计投资了包括网贷天眼、爱钱帮、微贷网在内的大约 20 家互联网金融创新企业,且也在积极开展自办金融创新业务,如 P2P、金融服务公司、小贷公司等。此外,在自贸区盛大正在申请成立全国第一家中外合资银行,以借助人民币可以跨境投融资的政策便利加大海外投资。"

2012 年,盛大私有化后进入持续瘦身期,陈天桥提出了"三横三纵"的架构,重新聚焦游戏、文学、视频三大内容主业,并确立了支付、云计算、广告系统三条技术支撑主线。但是从现在盛大的转型来看,这段艰难的瘦身期显然比外界看到的要更有规划:实体资产从收缩走向出售,盛大彻底变形。

毋庸置疑的是,陈天桥仍然是转型为投资公司后,盛大独一无二的国王,他会通过视频每周参加公司的业务会议或者培训,而公司的培训主题现在更多地集中在投资、金融议题上。

对于公司的转型,盛大内部员工仍然抱持观望态度,盛大游戏内部观望情绪尤为明显,张向东离开之后,旗下的八大工作室结构未有改变,据业内人士分析,以盛大目前的资本运作方式,不排除将现有的八大工作室重新进行资产整合,转手出售或者推向 IPO。那么 2014 年 8 月授予八大制作人每人 1 亿股权的做法无疑是维稳的方式。

对于外界而言,以盛大文学出售为界,预示着曾经喧嚣一时的"网络迪士尼帝国"分崩瓦解,盛大的互联网基因正在一点点褪去。但是盛大自身显然并不这样认为,诸葛辉回应:"从盛大投资的一系列项目即可发现,盛大的视线从来没有离开过互联网。"但无可否认的是,旧的盛大正在"死"去,在陈天桥构筑的新盛大里,盛大投资的未来还需接受考验。(李立 文)

绿地上市冲刺：
做市场和社会需要的事

"绿地集团的成功经验是做政府想做的事，做市场和社会需要的事。"在政府与市场的夹缝中，绿地集团成功闯出了一条路，如果它一旦借壳金丰投资上市成功，就将基本完成改制，摆脱国有体制的羁绊。

易居中国总裁周忻曾这样评价上海绿地集团（以下简称"绿地集团"）董事长兼总裁张玉良——他是地产界三个疯子中的一个，看上去文质彬彬，实际上胆比天大。

张玉良一直认为，速度慢是企业发展最大的风险。所以从20世纪90年代初，绿地集团便开始做动迁房，随后做旧城改造，再接着是在全国做商品房、大型综合社区和城市综合体，2011年，绿地集团开始布局全球房地产市场，并将产业延伸至地产之外进入煤炭、汽车、金融等领域。可以说，绿地集团从不放弃任何一个快速做大的机会。

截至2013年，绿地集团实现业务经营收入3283亿元，利润总额140亿元，净资产收益率（ROE）达到24.9%。而就在20世纪90年代末，该公司进行增资配股时，其股东上海市农委和建委却因为不看好它，曾发文放弃按照净资产配股的权利。

"绿地集团的成功经验是做政府想做的事,做市场和社会需要的事。"2014年6月23日,张玉良在位于上海市打浦路极富设计感的办公室里接受记者专访时,脸上不时露出招牌式的笑容。

张玉良说话简单直白,经验切实有用,他将这家上海第二大市属企业的历史成就,总结为在国有控股的体制下,实施了灵活高效的市场化运营机制,将管理模式、决策机制、用人机制和收入水平完全市场化,能够做政府所想,为市场所需。

据了解,张玉良的偶像是红顶商人胡雪岩。这很好理解,因为,胡雪岩对政商关系炉火纯青的把握,不仅是作为国资掌舵人张玉良的必修功课,也是他进行市场化运营的手中王牌。

在政府与市场的夹缝中,绿地集团成功闯出了一条路,如果它一旦借壳金丰投资上市成功,就将基本完成改制,摆脱国有体制的羁绊。

自负盈亏的全资国企

1992年,绿地集团成立,这是一个批量生产企业家的激情四射的年份。

1992年6月,上海建委出资1000万元,上海农委下属的农口住宅建设办公室出资100万元、农业投资有限公司出资900万元,两系统共同出资2000万元组建绿地集团。

根据上海建委和上海农委的指示,这家新组建的国有公司要通过综合经营,实现自负盈亏,协助政府完成绿化建设的重任。也就是说,政府要求绿地集团既能帮助上海摆脱公共绿地排名垫底的尴尬,又不得依赖体制输送养分,必须与纯市场化的企业同台竞技,依靠自身求生存、求发展。

绿地集团相当于是一家具有混合基因的试点企业。

根据张玉良回忆，那时他刚从机关下海，觉得特别难，以前领导怎么说怎么做，不安排不做也没错，可是到了企业每天要面对市场、面对员工、面对社会，所有人都盯着他，压力大得让他无法想象。

"我们是自负盈亏的企业，竞争失败，谁也不会来照顾我们，我们将失去所有。"这是张玉良20年来不断重复的一句话。

然而，绿地集团与政府之间毕竟有着天生的默契，这种无形的资源在张玉良后来做大绿地集团的过程中被发挥得恰到好处。

绿地集团的模式是"做政府所想，为市场所需"。在初创的1992年到1995年，绿地集团积极参与动迁房建设，以房地产经营积累资金，投资城市公共绿化，然后又以公共绿化提升房产价值，争取获得政府的政策性支持。

这套打法积累了公司主营的地产业务的资源，使绿地集团在1995年之后陆续获得了进入旧城改造的机会，也为其在2001年后进行全国拓展积累了经验。

但是随着公司业务的发展，张玉良越来越感到上级的诸多制度安排，对公司发展的严重掣肘，让他开始尝试对公司做市场化的改革。

"我不在乎给多少政策，也不在乎给多少钱，给我机制就可以了。"张玉良说。实际上，当时上海建委和上海农委的领导，的确给了他很大支持，当时一位老领导说："就是让绿地集团放手干、放心干，如果像一个石膏人一样浑身绑着绷带，企业能做好吗？"

市场化改造

1994年，绿地集团成为第一批上海现代企业制度改革的试点，这是一个破茧的机会。上海农委是大口农委，其改革一般都会快于城镇改革的步伐。当时其下属企业，进行现代企业制度改革都不用审批，组织一号召就可以直接上手做。

也就是说，当时绿地集团改制不仅没压力，而且是政府鼓励的。在某种程度上，政府给了绿地集团一个宽松的政策环境。

但上海农委下属的10家企业，其他9家企业都做死了，包括一家资本金是绿地集团10倍的企业，只有绿地集团一家闯了出来。张玉良说，不是所有国企的管理层都有市场化改制的动力，改革成败的关键是管理层自己想不想改革。

张玉良从一开始就意识到，企业的竞争就是机制的竞争。此后十几年间，他都在着手建立市场化的管理模式、决策机制、用人机制和薪酬体系。

改制初期，绿地集团对体制内的人才尚无较大的吸引力，为了解决这一问题，张玉良自己跑到上海市人事局的处长面前要优惠政策，让跳到绿地集团的人员只需备案，不需申报批准。后来，他又在公司内执行"三资企业"的绩效考核和薪酬体系，并且引入人员竞争机制，最终实现能者上，庸者下。

与此同时，绿地集团在市场上不断做大做强地产板块。从2001年开始，绿地集团从动迁房和旧城改造，转移到商品房建设领域，并且从落子中西部开始布局全国，伴随着城市化的进程投建了一大批大型综合社区，还走出了"超高层"专业户的路子。

但是2009年，根据相关政策，绿地集团的隶属关系从上海农委转到了上海国资委。归属上海国资委后，绿地集团的项目全部都要进行审批，干部则全部都需任命。项目审批需要时间，但市场瞬息万变，很可能审批手续没下来，项目已经飞了。

张玉良无法忍受，就去跟上级反应："如果这样弄，就把我的任命收回去吧。"上海国资委马上来开现场会，但最终决议仍是不能让绿地集团特殊化，要像管其他企业一样来管。

值得欣慰的是，时任上海市市长的韩正支持绿地集团的要求："你们仍然市场化，不要走国有体制这一套。"他还跟国资委说，你们不要按老办法管绿地集团，他们发展得很好，如果管死了，你们要负责的。

最初，张玉良的董事长职位是组织任命，但是后来上级逐步把这个权力交给了股东和董事会，基本上不再发文任命，到了董事会第三届换届时，就已经制度化，由公司股东决定董事长人选。

张玉良说，人是根本，制度是关键。国有企业里也有好的，民营企业也天天死一大批，没有内在动力，一样死掉。绿地集团的要诀，就是把制度和人才结合起来。

职工持股会变迁

为公司寻找长久的动力，是张玉良一直以来的牵挂。1994 年，《中华人民共和国公司法》颁布。1996 年，绿地集团成立职工持股会。

职工持股是 20 世纪 80 年代国家体改委提出的概念，本质上是为了最大限度调动员工的积极性，让员工成为企业的主人，形成紧密的利益共同体。

张玉良也认为，应该把员工的利益跟企业的存亡捆在一起，以前是员工躺在企业身上，企业躺在国家身上，现在要倒过来，让国家躺在企业身上，企业躺在员工身上。

一位绿地集团的高管后来说:"职工持股会的激励作用确实非常大,企业效益好,一般员工的分红要超过他的工资收入,如果效益不好,就没有分红,这就是双刃剑。"所以,绿地集团员工如同战士,只要公司需要,不管去哪儿都会立即执行。员工持股将绿地集团的骨干员工牢牢绑在公司的战车上。

此后,员工持股数不断增加。张玉良向记者回忆说,1998年亚洲金融危机时,公司很困难,而在全国铺业务又需要资金,当时政府批下来同意企业增资扩股,但是上级又不愿意配股,于是公司提出了员工持股。

彼时,正值金融环境适度放松,银行可以给企业经营者借款,张玉良就给所有员工做工作——要与公司同命运,拿不出钱的由财务部出面跟银行做工作。当时张玉良自己借款最多,借了300万元,其他中层干部最多的借了100万元。

根据审计报表,到2010年时职工持股会占比一度达到46%,2012年因为国资出钱补配——上海中星(集团)有限公司(以下简称"上海中星")占比9.65%,上海天宸股份有限公司占比2.89%,上海市城市建设投资开发总公司(以下简称"上海城投")占比26%,上海地产(集团)有限公司(以下简称"上海地产集团")占比25%,使得职工持股会占比降低至36.43%。

关于政府一度放弃配股权利,后又执行补配一事,张玉良对记者表示,按照上市公司要求,虽然当时公司上级加其他国有股东都因为不看好公司,所以选择不配股,但这其实是不合规的,应该按照账面净值配股。

并且,当时员工配股的内部价格是每股1.1元,低于每股2.2元的净资产,虽然交易是在上海产权交易所执行的,但现在来看也是不规范的(有关政策规定不得低于净资产价格配股)。所以,绿地集团在2012年将配股重新调整。

目前，绿地集团要上市，以上所说的情况都要梳理和进行公告。审计当中如果提出异议，就要按照现在的政策去更改当时的事情，张玉良无奈地表示。

根据证监会相关规定，员工持股会演变成有限合伙公司，员工的持股数量并不会发生变化。17年以来，职工持股会一直按照集合竞价的交易规则进行股权转让，交易完毕则必须变更股东资格。

绿地集团内部有具体的章程监管员工股权交易，但是为了上市的需要，未来还要依据证监会的规定，如果政策上对员工持股有更多的限制，绿地集团也会根据情况进行整改。目前，单个员工的股票不能直接进入一级市场交易。

社会资本入局

十八届三中全会的《中共中央关于全面深化改革若干重大问题的决定》强调混合所有制经济，在新一轮上海国资改革中，此前公布的"上海国资国企改革20条"明确要积极发展混合所有制经济。在此前召开的上海市深化国资改革促进企业发展工作会议上，上海明确将重点打造数家混合所有制典型企业。

虽然绿地集团已经是混合所有制，但是股权结构还不够合理。从单一股东来看，国资虽不是第一大股东，但国有股东间的股权合并只要一纸红头文件就完成了，合并之后，国资就仍然有可能一股独大。所以，绿地集团必须更加市场化，因此成为公众公司、实现整体上市成为必然选择。

而为规避"社会公众持股比例不得低于10%"的红线，引入社会资本成为摆在绿地面前的切实选择。投中集团分析师宋绍奎说,吸引以 PE 为主的活跃民营资本进入,操作性更高。

其实,从 2013 年 5 月至 6 月开始,绿地集团就在不断接触和尝试引入社会资本。

2013 年 12 月 19 日,上海联合产权交易所披露,平安创新资本等 5 家机构,以 5.62 元／股的价格,联合向绿地集团增资 117.29 亿元,占绿地集团扩股后股本的 20.14%。这与绿地集团此前 118.02 亿元的挂牌价格相当。

除了平安创新资本入股 10.01%,斥资逾 58 亿元外,还有 4 家公司参与增资:上海鼎晖嘉熙股权投资合伙企业(以下简称"鼎晖嘉熙")占 4.29%、宁波汇盛聚智投资合伙企业(以下简称"宁波汇盛")占 3.86%、珠海普罗股权投资基金(以下简称"珠海普罗")占 1.01%、上海国投协力发展股权投资基金合伙企业(以下简称"国投协力")占 0.97%。

这 5 家机构各个来头不小。

媒体报道,平安创新资本为平安信托的全资子公司,平安信托此前还投资过多家地产公司,包括金科股份和宋都股份;鼎晖嘉熙为鼎晖系基金;宁波汇盛为汇添富旗下基金;上海国投协力则系国投创新投资管理(北京)有限公司旗下基金。

按上海联合产权交易所此前公告,入股 5% 以上新股东,可向绿地集团委派一名董事或监事。这也意味着,此次增资计划完成后,只有平安信托有权委派一人进入绿地集团董事会。而平安信托一名内部人士称,进入绿地董事会还没定人选,一般会派财务总监或董事级别的人进入对方董事会。

此次绿地集团的增资扩股,在上海国资系统企业中,又被拿来与上海家化股权融资计划比较。"巧合"的是,当时的家化集团接盘者也是平安信托,但之后中国平安与家化集团原管理层的争斗也闹得沸沸扬扬,最终家化集团原董事长葛文耀被平安系取代。不过与 51 亿元完购家化集团 100% 股权相比，中国平安在绿地集团 10% 的股权意味着其发言权有限。

此前，绿地控股集团曾发公告，称公司将以 118.02 亿元的价格增发 21 亿股，对应 20.2% 的股权。本来是竞价发行，由于并没有全部认购完成，最后的交易价格就是评估价格，即在净资产的基础上溢价 70%。

对于前述 5 家机构此次的增资价格，绿地集团一名内部人士称："绿地集团上市的评估价格是每股 10 元，这次机构投资的价格还是很便宜的。"该人士透露，绿地集团内部的职工股一季度可交易一次，2013 年 7 月的股价是 5 元／股，10 月是 4.7 元／股，"但（4.7 元）这是领导压下来的价格，当时的报价都喊到七八块"。

前述 5 家机构此番增资前，绿地集团中，国有股占比超过一半。此外，绿地集团职工持股会持股 36.43%。根据申万证券的一份研究报告披露，张玉良通过集体股份持有约 2% 绿地集团股权。

引入社会资本之后，在公司的新架构中，上海地产集团及其全资子公司上海中星、上海城投、上海格林兰（由原绿地集团职工持股会改造而来的有限合伙制公司）持股比例较为接近，分别为 25.67%、20.58% 和 28.83%，其他股东持股 24.92%。

从持股比例上来看，上海国资委通过两大国有股东——上海地产集团（含其子公司上海中星）和上海城投合计持有的重组后上市公司股权较高。但是，上海国资委并不参与企业的日常经营管理，且其合计持股比例没超过 50%，不能对上市公司形成控制。同时上述两大国有股东是两家相互独立的主体，其作为财务投资人将来并不会实质性介入上市公司的日常经营管理。

这意味着，以张玉良为首的管理层将通过上海格林兰掌握绿地集团的管理权，而上海国资委亦能维持大股东的地位不变。

有分析人士指出，这三家国企只是财务投资人，跟绿地集团2014年1月引进的平安创新资本、鼎晖嘉熙、宁波汇盛、珠海普罗、国投协力的角色差不多。上海格林兰投资将控制重组后的上市公司，正如职工持股会控制着现在的绿地集团一样。

据张玉良介绍，新进的几家股东，中国平安、鼎晖嘉熙等原本就跟绿地集团有业务上的往来，甚至客户都在互换，中国平安在金融方面的全球视野，能够为绿地集团发展金融板块提供帮助，而他们从投资者角度看问题的方法，对绿地集团也很有价值。

从股权结构和投资性质来看，这些机构投资人都不会干预绿地集团的经营决策，但是他们要与原有股东一起，承担企业未来的风险。张玉良表示，此次选择的投资者在国内具有较强的行业影响力，市场化程度高、竞争力强，在市场化经营理念方面与绿地集团高度一致，双方未来还将在产业拓展、产融结合等方面资源整合、优势互补、协同发展。

其实，张玉良对做企业一直较为激进，在他看来，进攻就是最好的防守。他不仅不断扩大地产主业的版图，而且连续进入了几大新行业。

2005年10月，张玉良曾对绿地集团进行了关键性的组织架构改革，宣布组建除了房地产主业之外的四大产业集团：绿地商业集团、绿地能源集团、绿地建设集团和绿地汽车服务集团。

现在，这个战略已经改变，绿地建设集团和绿地汽车服务集团都被替换。未来绿地集团的任务是要坚持做强主业房地产，另外金融板块要加速成长，特别是盈利占比要提高，另外还要进入一个与其相关联的行业，目前不便于公布。能源业务则要瘦身加调整，煤炭和石油不再是增长点。

对于目前风声鹤唳的中国房地产市场，张玉良表示"还要看一看"，目前不是加大投资的时期，此前的发展目标也需要调整。

"宁肯踩空，不能断粮（指现金流断裂）"，张玉良引用经济学家许小年的话说。他表示，中国经济的增速已经换成中速，不小心就会低速，房价也由单边上扬变成双向互动。而绿地集团已达4000亿元规模，一旦断粮，将不会再像过去那样有惊无险，而是"有惊有险"。

"下雨就要打伞。"松下幸之助这句话是张玉良最喜欢的。

"蛇吞象"式的重组

2014年3月17日，历时8个月的停牌，绿地集团借壳金丰投资重组事宜终于掀起了盖头。当晚，金丰投资宣布，拟通过资产置换和发行股份购买资产方式进行重组。

重组完成后，金丰投资将拥有绿地集团100%的股权，绿地集团将通过借壳金丰投资实现整体上市。在新架构中，上海地产集团及其全资子公司上海中星、上海城投、上海格林兰持股比例较为接近，且均不超过30%，这意味着重组后的上市公司将成为上海市国资系统中的多元化混合所有制企业样本。

一家市值不到30亿元的上市公司，却启动了一个涉及金额六百多亿元的定增计划，金丰投资的重组方案，被业内人士认为是"蛇吞象"。

根据金丰投资披露的资产重组预案，此次绿地借壳由资产置换和发行股份购买资产两部分组成。

首先，金丰投资以全部资产及负债与上海地产集团持有的绿地集团等额价值的股权进行置换，拟置出资产由上海地产集团或其指定的第三方主体承接，拟置出资产的预估值为23亿元。

其次，金丰投资向绿地集团全体股东非公开发行 A 股股票，购买其持有的绿地集团股权，股东包括上海城投、上海地产集团、上海中星、上海格林兰、天宸股份、平安创新资本、鼎晖嘉熙、宁波汇盛、珠海普罗、国投协力。其中，向上海地产集团购买的股权，为其所持绿地集团股权在资产置换后的剩余部分。

经预估，拟注入绿地集团的资产预估值为 655 亿元。为此，金丰投资拟以每股 5.58 元的价格，非公开发行合计 113.26 亿股用于支付上述资产置换差价。财务数据显示，截至 2013 年 9 月末，绿地集团总资产为 3088.79 亿元，归属于母公司的所有者权益为 348.27 亿元。

这一 A 股迄今为止交易金额最大的一次重组并购，如果能够完成，一个超级地产巨鳄将诞生。

当然，尽管这一重组方案能够实现多赢的结果，但仍不能掩盖方案折中的意味。

"这是一个多方协商的结果，管理层保住了管理权，绿地集团选择 A 股上市，上海国资委也达到了目的。"但以张玉良为首的绿地集团管理层，与上海国资委的博弈却一直没有停止。

其实，早在 2008 年，上海市政府就曾建议绿地集团借壳城投控股上市，但却遭到董事长张玉良的抵制，反对的理由是城投控股的壳子太小，绿地集团的盘子太大，不合适。"张玉良的想法是在境外上市，但上海市不希望肥水流入外人田，害怕自己对绿地集团的影响力降低。"而从上海国资委角度和绿地集团两方来看，选金丰投资作为重组对象，也有非常现实的考虑。上海地产集团旗下拥有绿地集团、金丰投资、中华企业三家房地产企业，存在解决同业竞争问题的要求。由绿地集团出面重组金丰投资，将有利于更好地整合现有国有企业资源。（胡雯 熊晓辉 文）

/ 附 文 / **绿地上市：可被复制的改制**

"绿地上市成功的话，市值应该是中国房地产公司里的 NO.1。"

借壳金丰投资，意味着绿地集团要把一家预估值近 700 亿元的公司装进一个 20 亿元市值的"小壳"里，难度可想而知。如果成功，此次借壳或将成为 A 股规模最大的借壳上市案例。

其实，绿地集团上市的目的不仅仅是为了在国内资本市场打开一个窗口，更重要的是，上市如果成功，绿地集团历经多年的股权改革也将告一段落。

"我们上市又不圈钱，上市是使我们的所有制结构更市场化。"

绿地集团似乎赶上了好时候。十八届三中全会后，关于"混合所有制"的相关决定为绿地集团在政策层面提供了极大地支持，在此背景下，上海市政府也对绿地集团改制抱有很大期望。

"绿地集团是上海国资国企改革的标杆，这场改革只能成功不能失败。"易居中国执行总裁丁祖昱告诉记者。

如果回顾绿地集团的发展历史便可发现，其规模的不断增长是伴随着管理层的利益始终与企业利益紧密捆绑的一个过程。尽管张玉良承认，没有上海市政府就没有这个企业，但无可否认的是，绿地集团管理层持有公司股份是其发展的最大动力。

绿地集团改制始于 1997 年。当初靠上海建委和上海农委及下属公司出资 2000 万元成立的上海市绿地开发总公司改制为集团公司，注册资本为 1.6 亿元，其中绿地集团的职工持股会出资 3020.43 万元，约占注册资本的

18.88%。而其余的股东均为上海建委和上海农委下属企业。

在《势在人为》这本记录绿地集团发展历史的书中，特别提到了职工持股会成立时遇到的困难。当时，不仅普通员工不愿意买绿地集团的股份，甚至连干部也不愿意买，困难很大。张玉良最终决定"派任务"，要求绿地一定级别以上管理者必须持有一定数量的股份，而员工可以自愿。

后来证明，正是这样的制度解决了绿地集团管理层激励和管理层控制的两个问题。持股会内部也是采取"集合竞价"的方式来实现股份的内部交易，但如果持股人离开绿地集团，则必须在持股会中卖出自己的股份，不得带走。这是持股会不断保持活力的原因之一。

合伙人制度另一项功能便是团队激励，当年绿地集团成立职工持股会之后，不少人都是借了钱投资在自己的公司的。二十多年后，当初跟随张玉良创业的那批人仍有大部分选择留下来，实际上他们既是为绿地集团工作，也是在为自己投资。

鼎晖投资运营合伙人应伟告诉记者，他从未看到过如此"拼命"的团队。

"我们投资企业 70% 是要看团队的，绿地集团是我看到国企里面少有的真正市场化的团队。"应伟说，"他们没上下班时间，不是 8 小时工作制，而是 12 小时，甚至 16 小时。"

从 1997 年到 2011 年，几乎每年绿地集团都会增资扩股，张玉良称，经历了 2009 年的两次增资后，最多时职工持股会占股超过 50%。

2012 年，职工持股会在 14 年中首次出现占股比例下降的局面，由占股 46.02% 下降至 36.43%。经历了此次增资扩股后，包括上海地产、上海城投以及上海中星在内的国有股东合计占股比例已经达 63.57%，但职工持股会依然保持单一第一大股东的位置不变。

在随后的几年当中，绿地集团股权比例变化频繁，截至 2014 年 6 月 17 日公布的重组方案，绿地职工持股会所占股权比例为 28.83%，仍为单一大股东。而上海国资委直接或间接控制的三家企业，所占股权比例加总为 46.25%。

"你看资本组合就知道了，摒弃了'一股独大'的弊端。"张玉良表示。绿地集团通过引入 5 家机构投资者，实现了这样微妙的股权结构。2013 年 12 月 18 日，绿地集团增资扩股，新增部分由平安创新、鼎晖嘉熙、宁波汇盛、珠海普罗、国投协力 5 家机构投资者认缴，总额约为 20.87 亿股。随后经历了两次调整，上述 5 家机构占绿地集团股权比例为 20.15%。

"实际上，我们已经在 2013 年的五六月份开始做增资扩股了，国有的股东尽可能不要一股独大，虽然现在是分不同的公司股东，但是如果哪一天政策一变，我们又可能被影响到。"张玉良说。

除了给予资金、各类资源之外，被引入的几家机构投资者也给了张玉良很多关于绿地集团发展的建议。职工持股会转为有限合伙公司上海格林兰，再通过后者旗下的 32 个小有限合伙公司将原来职工持股会中的 982 名员工全部囊括其中，不可谓不精妙。相关券商为绿地集团设计了这样一幅结构。

而应伟告诉记者，实际上这个结构鼎晖也曾关注，而此类结构的设计也早有样本，"我们有一个案例，发现内蒙古鄂尔多斯的伊泰集团也是经由职工持股会改为有限合伙的"。实际上，伊泰集团也是通过职工持股会出资买下了原有的国有股，实现改制的。

应伟认为，绿地集团改制的路径完全可以被复制。（孟德阳　文）